Oh… bonjour ! Vous êtes… ? Enchantée, je… attendez, respirez et calmez-vous, s'il vous plaît. Hm… asseyez-vous. Oui, oui, allez-y ! Tenez, voilà un coussin bien moelleux, installez-vous, mettez-vous à l'aise. Un thé peut-être ? Un café ? Non ? Bon, ce n'est pas grave… ça fait un moment que je n'avais pas eu de visites ! Ce que vous faites ici ? Ne soyez pas pressé, voyons, nous avons le temps ! Et si vous ne comprenez pas tout… eh bien, vous finirez par comprendre, je suppose. J'espère ! Il y a bien longtemps que mes petits-enfants ont cessé d'écouter mes histoires… mais peut-être êtes-vous intéressé ? Hm, un biscuit, avant de commencer ? Non ? Mais enfin, je ne cherche pas à vous empoisonner ! C'est bon, j'arrête d'insister, si c'est ce que vous souhaitez… mais si vous préférez le salé… D'ACCORD. D'accord.

Bon, allons-y… par où commencer… peut-être… oui.

Un jour, je vais mourir. C'est un fait, un destin que j'ai accepté. Un jour, je vais disparaître. Comme chaque chose que vous avez connue, chaque personne que vous avez aimée, chaque souvenir dans votre mémoire. Un jour, je vais m'éteindre comme s'éteignent les rires d'un enfant, les ébats passionnés de deux amants, l'étreinte d'un vieillard et de sa femme au crépuscule. L'apothéose. La fin. Le néant.

Que… excusez-moi, cessez de… ne m'interrompez pas s'il-vou… quoi ? Non, attendez, revenez, je vous l'ai dit, vous comprendrez plus tard ! S'il vous plaît, juste… un peu de temps, ce n'est pas… mais… pourquoi… ? PAR PITIÉ. Juste… asseyez-vous. Simplement. Asseyez-vous et écoutez.

Je proviens d'un temps effacé des mémoires. Je suis à présent une vieille femme épuisée, au dos courbé par les âges, bien qu'il me reste encore de nombreuses années à vivre. Il y eut une époque où je fus jeune pourtant, fraîche et mignonne ! Tout était à construire, à découvrir ; une immense page vierge, aussi accueillante qu'effrayante, avec autant de possibilités que d'erreurs à venir.

Mais j'ai bien vécu, vous savez ? J'ai eu une très belle et longue vie, incroyablement riche. J'ai aimé, beaucoup. J'ai pleuré aussi. J'ai trop donné, surtout. C'est ce que font les mères. Elles vous mettent au monde, vous élèvent, vous voient grandir. Elles vous donnent tout ce qu'elles ont et… c'est ce qu'elles ont toujours fait. Et puis un jour, elles vous offrent des ailes, et vous regardent partir. J'ai donné naissance à de magnifiques enfants… Je les ai vus changer et s'épanouir ; courir, sauter, rire. Ils se jetaient dans mes bras, m'offraient toute la tendresse dont sont capables d'aussi petits êtres… ils m'écoutaient chanter et parler, découvraient tant de merveilles. Ils étaient avides de connaissances et possédaient les prunelles étincelantes de ceux qui, les yeux grand ouverts, s'extasient de tout. Je leur ai tout appris, vous savez ? Mais comme n'importe quel enfant, ils m'ont haïe… Malgré tout ce que je leur ai donné, tout ce que j'ai fait pour eux, ils m'ont accusée de ne pas savoir les écouter, et encore moins de les comprendre. Ils posaient des questions, murmurant dans la nuit noire, et attendaient des réponses là où je n'étais capable de leur offrir que silence. « Qu'est-ce qu'il y a après la mort ? Où est-ce qu'on va ? », « Pourquoi est-ce que les maladies existent ? », « Est-ce que la vie à un but ? » Puis après les questions, il y avait les reproches. Les pleurs déchirants, amers.

Et alors ils me méprisaient plus encore, car c'est ce que font les enfants, n'est-ce pas ? Ils se révoltent. Ils ont besoin de liberté, de désespérément savoir pourquoi, comment… Et lorsqu'il n'y a simplement rien à dire, ils tiennent les parents pour responsables. Et peut-être que c'est vrai, peut-être… peut-être qu'on devrait savoir. Peut-être que j'aurais dû être capable de leur expliquer. Mais ce n'est écrit nulle part, pas vrai ?

Est-ce que vous êtes déjà devenu parent ? Vous savez de quoi je parle, non ? Vous êtes tellement buté ! Allons, enfin, répon… Ah. Vous ne comprenez toujours pas… ? Je sais. Je fais ce que je peux, il faut y aller doucement. Ouvrez simplement vos oreilles, il ne vous suffit que d'écouter.

J'ai trop donné. Je vous l'ai dit, pas vrai ? Je leur ai tout offert : mon amour, ma tendresse, mon temps, mon énergie. « Les parents ne peuvent donner que deux choses à leurs enfants : des racines et des ailes. » Vous connaissez ? C'est ce que j'ai fait, c'était mon devoir, pour qu'ils puissent s'envoler ; la plus grande fierté mais aussi la pire angoisse qu'une mère puisse éprouver : la crainte omniprésente qu'il leur arrive quelque chose. Qu'ils fassent des erreurs contre lesquelles vous ne pouvez pas les protéger. Qu'ils vous oublient, vous et d'où ils viennent. Avant, vous étiez tout pour eux, leur unique univers, chaud, douillet, réconfortant, et puis… puis, ils prennent la décision de vous quitter, car c'est nécessaire. Et je savais que ça arriverait, c'est vrai. C'était mon rôle. Pourtant… rien ne peut vous préparer à l'avenir. Au temps qui passe. À la routine. À la vieillesse.

Et rien ne peut vous préparer à la mort d'un enfant. Ni d'un, ni de plusieurs. Pire, on espère pouvoir s'habituer, surmonter la douleur un jour et puis on en perd un autre en même temps qu'on perd pied. Et moi, j'en ai trop perdu. Bien sûr que c'est dans l'ordre des choses que l'on disparaisse, redevienne poussière, que l'on s'efface pour laisser place à un nouveau commencement. Cependant, personne à l'époque ne m'avait dit qu'ils partiraient avant moi. Qu'ils seraient si fragiles, si éphémères. Que j'aurais à supporter cette insoutenable douleur – muette spectatrice esseulée. Que ça m'achèverait. Mes enfants sont morts, et…

Attendez, pardon ? Vous en avez marre ? Restez calme, s'il vous plaît… des salades ? Mais… excusez-moi, est-ce que-vous êtes en train de me traiter de menteuse ? Ah non, de folle, vous dites ? À votre place je ne d… Ça vous concerne, après tout. Écoutez, je ne peux même pas vous… je ne sais pas ! Quoi, vous pensez que c'était ma faute ? Foutaises. Vous êtes venu ici de vous-même, après tout. Mais je ne la connais pas, votre raison ! Vous ne vous souvenez vraiment pas de… ? Hmm. Pourtant nous nous trouvons assurément dans votre tête. Vous ne me croyez pas ? Alors allons-y, de quoi ai-je l'air ? Vous ne me voyez pas, n'est-ce pas ? Jusqu'à maintenant, vous discerniez une petite vieille au visage creusé, mais l'image vous a échappé. C'est normal. Vous voyez ce que vous voulez voir, et alors si vous ne comprenez pas qui je suis… c'est difficile, hein ? Pourtant, vous la voyez la chaise, non ? Vous êtes bien assis dessus ? Vous en êtes sûr ? Le coussin, les biscuits, le thé ? Vous les avez vus, n'est-ce pas ? Ou du moins, vous croyez les avoir vus.

Je ne suis pas sûre que vous soyez prêt à comprendre. Vous allez lentement y parvenir, mais il vous faut encore un peu de temps. Alors je vais vous demander de faire un petit bout de chemin avec moi. Ce ne sera pas long. D'accord ?

Des racines et des ailes. On y revient encore et toujours, car c'est la vérité. Je peux leur apprendre à marcher. À avancer. Je peux les éduquer. Je leur donne les outils nécessaires, mais ce sont eux qui choisissent ce qu'ils en font. Ce sont eux qui décident quand ils souhaitent les utiliser, pour quelle raison, comment. Parfois ils ont besoin de foncer. D'autres sont plus prudents. Ils sont tous différents, mais… plus le temps avance, et plus ils oublient d'où ils viennent. Ils oublient ce que j'ai fait pour eux. Ce que j'ai sacrifié. Et… même s'ils me détestent pour toutes ces choses qu'ils ne comprennent pas… j'espère qu'ils sauront que je ne peux rien faire de plus pour eux… après tout, je ne peux même pas m'en protéger moi-même. Et vous non plus, pas vrai ? Le deuil. La tristesse. L'abandon. Vous savez ce que c'est, sinon vous ne seriez pas ici. Vous essayez d'assembler les pièces du puzzle, c'est ça ? C'est dur, hein ? C'est vrai, c'est possible que vous ne vous sentiez pas bien, un peu… perdu. Ceux qui atterrissent ici ne savent jamais où ils vont, après tout…

Leur perte était un fardeau constant. Un poids qui m'enfonçait un peu plus chaque jour. C'est dur de vouloir leur apprendre à voler puis de les voir s'écraser durement contre la réalité. De les voir se confronter aux obstacles, aux murs invisibles de la douleur, si tangibles pourtant. Et moi, je perdais espoir… je ne savais pas quoi faire. Je ne savais pas comment survivre. Que faire sans ceux qui étaient partis ? C'est la question que l'on se pose tous, n'est-ce pas ? J'étais sûre d'avoir tout fait, tout vu, d'avoir perdu le sens que j'avais donné à mon existence… J'étais accablée, si faible, sûre de m'arrêter là, en plein milieu du chemin. Et puis, il y a eu l'aurore. Le soleil sur votre peau, qui vous réveille et vous réchauffe petit à petit. La lumière qui chasse cette ombre perverse, et vous tire de votre long sommeil, de votre triste hibernation. Et alors, j'ai fini par apprendre que la vie, ce n'était pas que ça. Que j'étais une mère aimante, et déchirée par leur départ, c'est vrai. Mais qu'il y avait encore de l'espoir dans tout ce qui m'entourait, une autre part de la vie qui m'a aidée à… à transformer ma douleur en un regard neuf sur la beauté de ce monde. Il fallait que je leur montre, mais aussi que je le voie de mes propres yeux.

Vous comprenez ?

Les plaines, vastes et lumineuses, l'herbe verdoyante ployant sous la brise, les arbres noueux se tordant vers le ciel, les branches chargées de fruits, l'ombre protectrice sous leurs corps alourdis. Je me souviens des côtes effilées, rocailleuses, dominant la mer ou l'océan. L'océan… magnifique, dangereux, sauvage et placide à la fois. Si calme, d'un bleu miroitant, envoûtant. Azur, saphir, turquoise, une palette changeant au gré du temps. Les poissons filant comme des étoiles, éclairs colorés, les tortues à la gracieuse lenteur, les dauphins bondissants, les baleines majestueuses, immenses, les méduses vaporeuses, les calamars étranges, les requins inquiétants. Le son assourdi de la vie quand on s'enfonce dans les profondeurs de ces lieux… et le ressac qui chante, les vagues qui partent et qui reviennent, ce balancement, cette constance. Le vent, la senteur marine, les goélands… si blancs, si purs. Tous ces oiseaux, ces petits corps chauds et duveteux portés par leurs plumes bigarrées, légers, libres, planant dans les courants. Les aigles fiers, les pies bagarreuses, les hiboux hululant dans la nuit… leurs cris, leurs chants, leurs sifflements. Le battement de leurs ailes pour les porter encore plus haut. Tout ça constitue une musique, si belle à mes oreilles.

Vous entendez souvent, mais est-ce que vous écoutez, parfois ? Comment ça, quoi ? La vie, voyons ! Les petits cœurs qui palpitent, qui s'affolent, à l'affût, ou qui s'apaisent, laissant place au sommeil… est-ce que vous les sentez ? Les loups hurlant, les chats sauvages qui se hérissent, les cerfs qui courent, qui bondissent ; les mulots, les souris, discrets, rapides, les renards, les blaireaux qui creusent, qui se tapissent. Et les montagnes qui s'élèvent, reines, et qui effleurent le ciel, solides et protectrices, leurs versants de forêts touffues et épaisses qui se colorent quand vient l'automne ; ardentes, brûlantes, comme un coucher de soleil qui scintille et frémit dans la brise. Les montagnes et leurs sommets rocheux enneigés, si blancs que leur beauté nous aveugle, si hauts qu'il a fallu qu'on les gravisse pour toucher le ciel du bout des doigts. La neige. Les flocons qui tourbillonnent, qui dansent, qui tanguent, coléreux parfois quand ils se changent en tempête destructrice. Mais qu'est-ce que c'est beau… qu'est-ce que ça fait du bien, ce froid mordant, glacé, qui court dans nos veines, et qui nous prouve que l'on existe, ce goût, cette odeur que porte l'hiver. Le lac figé sous la glace, la chute arrêtée dans sa course, suspendue par le froid, suspendue dans le temps. Est-ce que vous voyez ? Plus important encore, est-ce que vous sentez ? L'odeur de la pluie sur le sol de la forêt, sur le ruban d'asphalte qui serpente entre les conifères ; la senteur boisée de la sève qui coule, qui goutte sur l'écorce craquelée ; et cette pluie qui lave, qui nettoie tout, qui tambourine, qui glisse sur la peau, et l'orage qui gronde, rugissant d'éclairs éblouissants, furieux, puissants. Mais le désert aussi, aride, vaste et vide, aux tempêtes de sable colériques, dévastatrices ; la banquise glacée et ses icebergs bleutés, ses aurores boréales. Les forêts tropicales, la jungle aux arbres immenses, les lianes, les longues feuilles d'un vert intense, la lourde moiteur, les rivières troubles, dangereuses, et leurs crocs acérés ; les singes hurlant, les serpents sifflant. Les plantes florissantes, qui croissent même à travers la pierre, le lierre qui grimpe, les pissenlits aux aigrettes duveteuses, les roses entêtantes, cette flore si fragile et si forte à la fois. Vous comprenez ? J'avais besoin de croire encore en quelque chose, d'entendre du bruit là où le silence m'avait hantée pendant trop longtemps, de voir de la beauté jusque dans les violences qu'il pouvait y avoir dans ce monde. Il fallait que je parte, que je me laisse vivre, que je m'oublie, un peu. Que je laisse la douleur s'éteindre pour m'empreindre de cette harmonie. Et je crois… qu'ils ont fini par faire de même, vous savez ? Que là où le désespoir les a mis à terre, ils ont su regarder autour d'eux, apercevoir l'horizon, et prendre conscience de ce qu'il restait plutôt que de ce qui était parti. Je les ai vus ériger leurs maisons, élever des villes entières, construire des coques de bois sur lesquelles ils traversèrent la moitié du monde. Je les ai vus dompter des torrents, bâtir des ponts, des routes. Je les ai vus grandir, mais j'avais aussi besoin qu'ils reprennent goût à la vie. Qu'ils avancent. Je leur avais donné les outils, mais il fallait qu'ils en fassent quelque chose. Qu'ils se mettent à découvrir, à parcourir, à voyager. À aller quelque part.

Mais après tout, j'ignorais où allaient mes enfants. Ils rêvent tous tellement, quand ils sont si petits… Ils veulent explorer, se salir les mains, toucher, goûter. Ils veulent déjà être grands, rêvent de devenir pompier, ou astronaute… vous vous rendez compte ? Me quitter ? Moi ? Partir sur une autre planète, si loin ? Mon Dieu… j'en frissonnais déjà. Soudain les ailes ne leur suffisaient plus ; il leur fallait un moteur, une coque ; l'espace. Et maintenant… maintenant ils collent leur nez par terre sans même lever les yeux pour voir où ils vont. Ce qu'ils piétinent. Ce qu'ils deviennent. Ils abattent des forêts entières, noircissent les mers ; je les vois creuser des trous toujours plus profonds, et pour quoi ? Pour polluer leur air, pour emplir leurs poumons de poisons. Je suis fière de ce qu'ils ont accompli, c'est vrai, mais je ne souhaitais pas cette… cette démesure. Et ces villes puantes, grouillantes, qui étendent leurs tentacules sur les champs de blé dorés, sur la verdure, les vergers… Et j'aimerais qu'ils comprennent. Cette… routine perverse… qui leur bande les yeux… Leur innocence, leur enfance… arrachées par les mains avides du temps… Est-ce que vous comprenez, ça ? Je regarde… je regarde leur négligence, leur cruauté, leur égoïsme. Et j'en viens à penser que... qu'ils finiront par m'écraser sous leur insouciance, par me tuer. Qu'ils me feront tomber, et sombreront avec moi... J'en viens à les craindre, à les détester pour leur aveuglement. Puis je finis par penser que je suis un monstre, et je m'en veux, car je les aime quand même, et malgré tout... malgré tout, ça me rend dingue ! Complètement folle ! Impuissante ! Je suis leur mère, et bon sang, vous voyez où ils en sont ? Est-ce que c'est ma faute ? Est-ce qu'on peut vraiment les empêcher d'en arriver là ? Est-ce que je ne les ai pas assez bien éduqués ? Pourquoi marcher ne suffit pas, pourquoi... pourquoi est-ce qu'ils veulent partir ? Puiser tout ce que j'ai pour finalement me quitter ? Qu'est-ce que j'ai fait de mal ?

Arrêtez. Arrêtez tout de suite ! MAINTENANT. Je vous interd... CE N'EST PAS MA FAUTE. Ça ne l'a jamais été ! J'ai tout fait, tout ce qu'il fallait... Est-ce que vous croyez franchement qu'on... qu'on reçoit une notice, ou je ne sais quoi, qu'on... TAISEZ-VOUS ! De quel droit... VOUS NE COMPRENEZ PAS. Est-ce que vous avez levé le nez, au moins ? Est-ce que vous avez regardé, vraiment regardé où vous êtes ? Vous êtes sûr d'avoir oublié ? Pourquoi vous êtes-là ? Ce que vous avez fait ? VOUS EN ÊTES SÛR ? Foutaises ! Vous me prenez pour une imbécile ? Je fais ce que je peux, mais je suis si vieille, et épuisée... Ce. N'est. Pas. Ma. Faute. J'ai trop... trop donné.

Et pas un seul merci, jamais ! C'est tellement… tellement logique. Tellement ancré en vous, ancré dans vos veines. Tellement évident. Je suis là, toujours, mais vous ne me voyez pas. Vous cherchez encore, vraiment ? Êtes-vous stupide ?!

Même quand elle est là sous vos yeux, même quand vous vivez uniquement grâce à elle, même quand… même quand vous oubliez sa beauté, elle est et sera toujours là. Je, suis toujours là.

La Mort ? Vous me faites rire. Vous plaisantez, vous n'avez rien trouvé de plus cliché ? Vous pouvez me donner le nom que vous voulez, qu'importe. Mort. Vie. Temps. Espace. Vous vous arrêtez sur des détails. Vous me… vous me fragmentez. Oui, c'est ça, vous me coupez en morceaux et vous oubliez que je suis un tout. Que je vous ai tous portés en moi, que je vous ai à tous donné la vie. Que chacun d'entre vous porte un morceau de moi-même en son sein. Chaque jour vous me foulez de vos pieds. Chaque jour vous pillez un peu plus ce qui, d'après vous, vous revient de droit. Sans jamais me remercier. Tant de temps a passé, et j'espère encore vous voir comprendre… que j'existe. Que je suis là. Que quand vous haïssez le temps qui passe, vous oubliez que vous perdriez votre joie de vivre en subsistant pour l'éternité. Que quand vous insultez les maladies, vous oubliez que c'est pour mieux chérir la santé. Que quand vous craignez la mort, quand vous jurez et promettez de me maudire… vous oubliez la vie.

Est-ce que vous comprenez que la raison même de mon existence, c'est ça ? Que je ne vis que pour… pour ces hordes d'enfants gazouillant, qui se balancent, se bousculent, se tortillent, qui se jettent sur les autres en riant, en étant simplement heureux de pouvoir marcher ? Les matins d'été et les tartines de confiture sur la terrasse, les tasses de chocolat chaud les soirs d'hiver, le plaisir simple d'une sucrerie, les secrets partagés, les câlins ? Est-ce que cette pureté a un sens pour vous ? Est-ce que vous saisissez l'évidence de ces présences pour moi ? Ces corps qui grandissent, qui se courbent, qui s'éteignent ? Je donne la vie, et je n'existe que pour ça : pour vous porter, tous. Je vous donne un morceau de mon âme et je dessine dans mon corps des vallées, des collines, je creuse des océans, plante des arbres, élève des montagnes, pour vous redonner espoir. Mon corps est votre maison, et vous êtes, tous, mes enfants.

Est-ce que vous me haïssez autant que je le pense ? Vous les voyez, ces bons côtés, non ? Et les mauvais ? Vous savez qu'ils existent malgré moi ? Que je ne l'ai pas voulu ? Est-ce que vous le savez ? Un jour, un brillant philosophe a dit… que chaque société portait en elle, dès sa naissance, les germes de sa propre destruction… il en va de même pour moi, vous comprenez ? Je ne l'ai pas voulu. C'est le prix à payer pour vous permettre de vivre : il y a une part d'obscurité dans tout ce qui existe. Je ne pouvais pas vous protéger de tout, ça m'était impossible. Pitié, est-ce que vous comprenez ? Dites-le-moi, c'est tout ce que je demande…

Enfin ? Je… oui, je suis soulagée, j'ai cru que… qu'on n'y arriverait pas. Je sais que vous devez être encore un peu déboussolé, c'est normal, mais… c'est vrai. Je sens que vous êtes… plus serein. J'ai besoin de personnes comme vous. Pour porter la vérité, pour entendre ma voix et la transmettre. Je sais aussi que vous aviez besoin de reprendre des forces. Du courage… non ! Ne dites rien ! Ça ne me regarde pas. Vous avez vos raisons, et ce n'est pas à moi d'en juger. Ce n'est pas grave, d'accord ? Maintenant, il va falloir y aller. Il faut que vous repartiez. Des gens vous attendent, je crois. Aimants, inquiets. Ne vous en faites pas. Vous êtes gentil, mais j'ai toujours été seule en attendant mes invités. Ne vous inquiétez pas, s'il vous plaît. J'ai l'habitude. Vous voir heureux me suffit, d'accord ?

Simplement, rappelez-vous pourquoi je suis là. N'oubliez pas que la Terre existe uniquement pour vous faire vivre. Je suis épuisée. Je m'effondre presque sous votre poids.

J'enchaîne les nuits sans sommeil car vous m'inquiétez, car lorsque vous êtes malades, celle qui vous soigne et qui veille sur vous, c'est moi. Alors simplement, n'oubliez pas. Ce que j'ai fait. Ce que j'ai sacrifié. Et que j'ai trop, que j'ai tout donné.

Car c'est le rôle d'une mère.

Chloé Kerlau

RER A

Chloé vient du grec Χλόη *(Khloè/Chloris). C'était l'épouse de Zéphyr, le dieu des vents du Sud et serviteur d'Éros. Je ne sais pas si mon prénom m'a façonnée ou si c'est un heureux hasard, mais il me décrit parfaitement. Amoureuse de l'amour, de la vie et du voyage, j'ai grandi avec Harry Potter, les sœurs Brontë et Jane Austen, trouvé ma voie avec Ellana et les Marchombres, mûri avec Paul Atréides, Darrow et Mustang. Je crois profondément en l'être humain et « RER A » est le reflet de mon voyage pour le comprendre, me comprendre et comprendre la vie.*

Ce n'est jamais facile de terminer une nouvelle, et « RER A » a été la première que j'aie finie. On a toujours l'impression que ce que l'on écrit est une vulgaire parodie de ce que l'on a pu lire. Cependant, mes amies m'ont convaincue de l'envoyer, mes premières lectrices à qui je dédie ma nouvelle. Elles avaient raison, puisque vous lisez ceci. Je doute encore mais rappelez-vous : « Le doute est une vraie belle force, fais juste attention qu'il te pousse toujours en avant. » Pierre Bottero, Ellana.

Prologue

Un train qui file d'une lenteur déconcertante et des passagers aux histoires qui se font et se défont, jour après jour. Un retard d'une heure vingt-sept et quelques voix qui râlent. Des femmes sur talons hauts, des enfants qui courent, une lycéenne perdue, une bande d'ados bruyants. Des effluves de parfum, d'alcool, de gel douche, de sueur. Tant de vies si différentes qui se croisent, dont les chemins s'entremêlent ou se séparent. Mais parfois, on ne peut plus être ce que l'on était. Les masques tombent avec l'épreuve. Les existences se rapprochent pour ne plus jamais s'écarter. Mais où finit l'existence ?

1.

Elle dévisage l'inconnu qui s'est assis à côté d'elle sur la banquette élimée, usée par tant de passagers. Il est vêtu simplement, en noir, et pose sa tête brune sur le rebord de la fenêtre. De ses écouteurs émane une musique envoûtante, une voix entre le grave et l'aigu, fragile, puissante.

– Tu ne devrais pas.

– Pardon ?

Il se tourne vers elle, ôtant un écouteur.

– Tu ne devrais pas.

– Pas quoi ?

– T'appuyer contre la vitre. C'est plein de buée, tu vas avoir les cheveux mouillés.

– C'est pas de la buée, c'est de la chaleur humaine qui s'accumule sur une vitre froide et inanimée en tentant vainement de lui insuffler la vie.

Il remet ses écouteurs en souriant et se rappuie contre la fenêtre. Ce garçon attise sa curiosité. Elle se surprend même à sourire.

2.

Elle est ramassée dans son coin, sur un siège en plastique qui tremble avec le train. Elle écrit. Sa main noircit les pages d'encre, le stylo-plume saute d'une ligne à l'autre, course effrénée contre l'esprit. Elle a ouvert les vannes de l'inspiration, elle est possédée par les mots. Les mots qui s'écoulent toujours plus vite.

Soudain, elle pose un point, d'un geste rageur et fier, reflet des phrases tremblantes écrites sous le joug des sursauts du train. Elle range ses feuilles et soupire, étirant ses jambes. Et sur ses lèvres meurt le murmure du poème qu'elle vient d'écrire.

3.

M. Fichon emprunte cette ligne tous les jours. Tous les jours il s'assied sur le premier siège à droite de la dernière porte. Tous les jours, il fume une cigarette, se fait parfois taper sur les doigts par un contrôleur ou des mères de famille, qui laissent vite tomber. Il a quatre-vingt-dix ans, M. Fichon, alors on le laisse tranquille, la plupart du temps.

Aujourd'hui une mince gamine s'assied à ses côtés. Elle sent les fleurs. Elle ne doit pas avoir plus de vingt ans. Elle lui sourit.

– Bonjour, M'sieur Fichon.

– Tu me connais ?

– Non, c'est juste écrit sur vot'veste.

Il soupire en jetant un coup d'œil au transfert de son nom collé sur sa veste.

– Ah oui, elle est vieille. Elle date de l'armée.

Mais la jeune fille est déjà partie sur un autre sujet, babillant comme une enfant.

Puis il se lève, c'est son arrêt.

Elle lui dit à demain. Elle lui explique qu'elle prend cette ligne tous les matins et il est surpris de ne l'avoir jamais vue. Mais il ne lui demande rien. Cela fait longtemps qu'il ne se pose plus de questions. Il devrait, pourtant.

4.

Il est revenu. La tête appuyée sur la vitre. Cette fois-ci, il entame la conversation.

– Bonjour.

– Comment vas-tu ? répond-elle.

– Bien. Puis, après un instant de silence : Et toi ?

– Oh, cela fait longtemps que je ne réponds plus à cette question.

Il hausse les sourcils. Ce n'est pas la réponse qu'il attendait mais il n'insiste pas. Il connaît ce regard.

– Mais peut-être pourrais-tu me donner ton nom ?

Elle sourit et le silence s'installe. Il se détourne et remet ses écouteurs. Il est patient, il attendra.

Le train ralentit, elle doit sortir. Au moment où les portes s'ouvrent, elle se tourne vers lui :

– Violette. Je m'appelle Violette.

La voix du garçon lui parvient par-dessus le fracas des gens qui sortent :

– Sven.

5.

Adèle Bouland n'imaginait pas qu'être enceinte lui demanderait de tels exploits physiques. Elle pousse sa petite fille Sara devant elle tant bien que mal, en se déplaçant avec difficulté. Elle ne voit pas où elle marche et au moment de rentrer dans le RER, elle trébuche sur la marche. Elle bascule, entraînée par le poids de son ventre, mais une main la rattrape.

Elle souffle et se redresse, fait face à son sauveur. C'est une sauveuse plutôt. Une jeune fille maigre, d'une tête plus grande qu'elle, aux longs cheveux auburn.

– Merci.

– De rien. Je n'allais pas vous laisser tomber.

– Adèle. Et vous ?

– Imogène.

Mais déjà le train est prêt à partir et elles rentrent de justesse avant la fermeture des portes, en gloussant d'un air complice.

6.

La femme blonde observe tous ces adolescents. Elle a un air nostalgique, pourtant elle ne doit pas être âgée de plus de 25 ans. Mais son corps élancé, ses yeux gris et son visage fin sont déjà empreints d'une maturité précoce.

Elle sourit en repartant dans ses souvenirs, dix ans en arrière, quand elle avait quinze ans. À cette époque, le moindre problème lui semblait insurmontable. Mais elle avait tout traversé, c'est ce que tout le monde fait. Elle avait tout traversé comme ce train filait à travers le paysage, inlassablement, voué à percer le brouillard, la pluie et le soleil sans s'arrêter.

Et chaque jour, il transporterait les mêmes personnes, pour le même trajet, la plupart du temps à la même place.

7.

M. Fichon s'assied sur son siège habituel. Aujourd'hui, il ne sort pas sa cigarette. Il attend la jeune fille aux fleurs. Parce qu'en plus d'en avoir l'odeur, elle porte une veste en jean brodée de fleurs. De fleurs partout, à profusion. Des rouges, des bleues, des jaunes. Des tulipes, des bégonias, des orchidées.

Il sent son parfum avant de la voir. Comme s'ils étaient de vieux amis, elle l'embrasse. Une bise joyeuse sur chaque vieille joue ridée.

– Comment allez-vous, M'sieur Fichon ?

– Bien et toi ?

Elle ne se formalise pas de ce tutoiement déjà ancré.

– Oh très bien, vous savez, mon magasin de fleurs a reçu une commande importante. D'un palace, vous imaginez ?

Elle s'évente avec la main, comme si la seule pensée de ce lieu l'excitait, telle une petite fille.

– C'est bien. Et que vas-tu leur vendre comme fleurs ?

– C'est pour un mariage, M'sieur Fichon ! Du blanc, du pastel, partout ! Des roses, des orchidées, des bouquets et des compositions florales.

Le vieil homme sourit en voyant son enthousiasme. Cela fait longtemps qu'il n'avait plus souri, d'ailleurs. Les muscles de son visage s'étirent avec raideur et le sourire prend l'aspect d'une grimace.

– Tu tiens ton magasin ?

– Oui M'sieur. J'ai personne pour m'aider mais je m'suis déjà fait un nom.

– Eh bien, montre-leur à ces bourgeois, qu'ils ont besoin du petit peuple.

Cela la fait rire. D'un rire cristallin et innocent. Et puis c'est l'arrêt de M. Fichon. Il prend sa canne, il descend et le RER s'ébranle à nouveau.

8.

Anders peste en poussant les gens qui s'entassent sur le quai. Il va être en retard au Dronning, le bar où il officie en tant que « préparateur de cocktails ». En réalité, il passe son temps à raconter aux Scandinaves de la ville pourquoi le bar s'appelle « Reine ».

Le RER arrive en grinçant et ses freins hurlent. Il ralentit doucement et s'arrête devant le quai.

Anders monte, fronçant le nez lorsque les effluves de pétrole l'atteignent. D'autres personnes suivent. Il s'assied sur le seul siège libre, près d'un garçon de son âge. Celui-ci est bien habillé, pantalon droit et chemise, pull bleu marine. En comparaison, avec son cuir et son jean élimé, Anders détonne.

Mais quand le jeune homme fait tomber son téléphone avec un juron, Anders le ramasse et le lui tend. L'autre grommelle :

– Merci.

Anders répond, avec son fort accent scandinave :

– De rien. Fais attention. Les écrans coûtent cher.

Le garçon le regarde d'un air attentif, comme s'il cherchait à savoir qui il a affaire derrière ce profil nordique, ces cheveux aux épaules et ses froids yeux bleus.

– D'où vient ton accent ?

La question est indiscrète mais Anders prend le temps de répondre :

– Je suis Norvégien.

– Oh, moi je suis Anglais. Je m'appelle James et toi ?

– Anders.

– Eh bien Anders, ravi d'avoir fait ta connaissance. Je dois y aller, c'est mon arrêt. Au revoir.

– Adieu.

James sourit. Puis il se lève et part avec entrain.

9.

Le garçon rentre dans le wagon et jette son sac sur un siège, avant de s'asseoir à côté. Il sort immédiatement son téléphone et en quelques gestes ouvre un jeu. Peu à peu, il se déconnecte de tout, du monde qui l'entoure, des bruits des gens.

Soudain, l'écran clignote et une voix retentit : « Vous avez perdu. »

Il jure et tape sur l'écran, de dépit. Il éteint son smartphone et y voit son reflet. Des cernes énormes soulignent ses yeux et ses cheveux ébouriffés lui retombent en amas sur le front. Il soupire en se frottant les paupières. Il devrait vraiment dormir plus.

Alors, le micro s'allume et une voix douce mais agacée annonce un retard d'une heure. Quelques passagers grognent mais lui sourit. Il va pouvoir dormir.

10.

Lola est debout, elle se tient d'une main à une des barres de fer. Le métal est froid au contact de ses doigts.

Elle observe les gens et essaie de deviner ce qui se passe entre eux. Quelles connexions ils ont, ou n'ont pas. Certains parlent doucement, participant à la brume de chuchotements et de bruissements habituelle.

Au bout du wagon, un groupe de jeunes filles rit, se pousse et rougit. Lola lève les yeux au ciel et localise rapidement l'objet de leurs ébats. Un garçon vient d'entrer par la porte d'en face. Grand, brun, il est indéniablement beau. Son visage n'est pas parfait, mais il possède un charisme profond. Une des adolescentes lui dit quelque chose et lui adresse un signe mais il les ignore et s'installe à côté d'une adolescente fine, aux yeux tristes. Qui s'éclairent lorsqu'elle l'aperçoit.

Lola sourit. Elle tourne la tête de l'autre côté et voit deux enfants jouant à un jeu de cartes. Ils sont sûrement jumeaux, car ils se ressemblent comme deux gouttes d'eau. Leurs cheveux blond vénitien ont exactement la même teinte, jusqu'aux reflets, et leurs bouches soyeuses bougent au rythme de leurs murmures. Soudain le petit garçon s'énerve et lance une carte qui atteint l'œil de sa sœur par accident. Elle se met à pleurer et il la serre alors dans ses bras, se répandant en excuses.

Lola n'a pas le temps de voir la fin de la scène, elle doit partir.

Les portes s'ouvrent et elle sort, légère et silencieuse.

11.
Adèle marche de son pas lourd. Elle passe la porte, en levant bien les pieds et se laisse tomber sur un siège en soufflant. Sa fille Sara s'assied à côté d'elle, balançant ses pieds dans le vide et observant autour d'elle avec naïveté.

Soudain une mince silhouette s'appuie contre la barre voisine.

– Imogène !

– Salut Adèle.

– Comment vas-tu ?

– Ça va. Je survis à la métropole.

Elle a un sourire complice. Adèle plisse les yeux, remarquant soudain une trace sur le visage d'Imogène qu'elle n'avait pas vue auparavant.

– D'où vient ta cicatrice ? Sur la joue…

Imogène les touche doucement.

– Oh. Une longue histoire. J'ai grandi dans un quartier pas très recommandable.

Face à l'air paniqué de son amie, elle éclate de rire et poursuit :

– Ne t'inquiète pas, Adèle. Tout ça, c'est fini à présent. J'ai changé de ville. De vie.

Ses yeux se teintent de mélancolie et Adèle ne se sent pas de poursuivre la conversation, se demandant si le « tout ça, c'est fini » se réfère à sa vie ou à quelque chose de bien pire. Elle a un faible sourire et Imogène lui donne une tape sur l'épaule, comme pour la réconforter. Mais Adèle prend conscience que c'est peut-être la moins forte des deux qui joue la protectrice.

12.

Violette regarde Sven d'un air réprobateur. Sa lèvre est enflée et il saigne du nez. Elle soupire et sort un mouchoir de son sac pour arrêter le saignement.

– Pour la lèvre, je ne peux rien faire pour le moment. Et tu vas avoir un bel œil au beurre noir.

– C'est pas grave, j'ai l'habitude.

– Tu te bats contre qui ?

– Je me bats pour oublier.

– Je…

– Mon frère s'est fait renverser il y a six mois. Il y a eu la peine, il y a la haine. J'extériorise, je me rassure.

– Et tu veux quoi ? Te faire tuer toi aussi ?

– Je sais même plus où j'en suis, ça me gênerait pas.

– Et t'as pensé aux autres ? Tes amis, ta famille ?

– J'ai plus que mon père, qui me déteste.

– Et moi, Sven ?

Le garçon lève les yeux et attrape les fins doigts de Violette qui tamponnent encore le mouchoir sur son nez, rageusement. Elle continue, prise d'une soudaine colère qui enfle et gronde en elle depuis trop longtemps :

– J'ai un jumeau qui me déteste, une mère tellement malade qu'elle ne passera pas la fin de l'année et une sœur victime de harcèlement. Et toi, tu arrives, avec tes phrases poétiques à la noix, ton histoire de fenêtre et d'objets inanimés, tu deviens mon ami et tu me dis que tu veux mourir ?! C'est horriblement égoïste. On a tous perdu quelqu'un, on a tous perdu quelque chose, tu sais.

– Je… J'ai pas dit que je voulais mourir.

– Je sais. Mais évite de le sous-entendre alors.

13.

Anders rentre dans le train. Aujourd'hui, quelqu'un a allumé une cigarette. C'est interdit mais tant de gens le font quand même. Anders aime l'odeur du tabac qui se consume lentement. Il jette un coup d'œil et voit James au fond de la rame, sur son téléphone.

– Bonjour.

– Salut Anders.

– Toujours sur ton téléphone.

– J'ai beaucoup d'amis, ce n'est pas ma faute.

Anders rit et James se joint à lui. Il a un joli rire, assez atypique. Anders a réparé sa moto depuis une semaine mais il continue à prendre le train. Il aime bien James, sa façade de riche et son âme totalement différente. Il étudie le droit mais c'est pour faire plaisir à ses parents. Lui ce qu'il aime, c'est chanter.

14.
M. Fichon est déjà assis et il attend. Il attend Gala. Parce que la jeune fille aux fleurs s'appelle Gala. Elle le lui a dit, il y a quelques jours. Il sourit.

Soudain, c'est comme si un rayon de vie entrait dans le train. C'est elle. Elle traverse le wagon en laissant dans son sillage un parfum de bleuets.

– Bonjour M'sieur Fichon !

– Bonjour Gala.

– Dites, je pensais à ça aujourd'hui. Pourquoi ne viendriez-vous pas faire un tour dans mon magasin ?

– Pourquoi pas. Il ne faut pas que ce soit trop loin.

– Allons ! C'est un arrêt après le vôtre. D'ailleurs, pourquoi prenez-vous le RER pour aller prendre un café ?

– J'ai mes habitudes.

– Vos habitudes ? Drôles d'habitudes ! Mon magasin, il s'appelle À la fleur nouvelle. Pas très original j'vous avoue mais j'trouvais ça bien.

– C'est joli. C'est très joli.

– Venez un de ces quatre, alors !

– Je viendrai, je viendrai. Mais en attendant, c'est mon arrêt.

– Oh ! Déjà ! À plus, M'sieur Fichon !

– À demain, Gala.

15.
Un trio d'amis rentre en riant, et reste debout. Ils descendent à la prochaine station.

Ils rient bruyamment, ils peuvent se le permettre. Les derniers examens sont finis, l'école ne sera bientôt qu'un souvenir.

Le soleil rentre à flots par les fenêtres ternes et les éclaire. On pourrait croire que la lumière émane d'eux, tant ils sont rayonnants.

Bientôt, le train s'arrête et ils sortent, tandis que rentrent, dans un ballet bien huilé, les employés de bureau qui se rendent au quartier d'affaires. Tailleurs, sacs à main et chignons, reflétés par vestons, souliers noirs et sacoches s'agitent dans un bruit de doigts tapotant les écrans. Les uns parlent à toute vitesse dans leur téléphone, anglais, espagnol, chinois. Les autres regardent leur montre anxieusement.

Le train, lui, avance paisiblement. Il est la constante de l'équation, le pilier de ces milliers d'existences.

16.
Sven s'assied à côté de Violette, le regard noir. Il saigne encore, de la lèvre et de la pommette. Elle soupire et sort un autre mouchoir, le quatrième depuis le début de la semaine.

– Qu'est-ce qu'on avait dit, Sven ?

– Ceux-là l'avaient cherché !

– Maîtrise-toi un peu !

– Ils ont insulté mon frère, Violette ! Mon frère mort !

Il le répète, comme un aveu irréel dont il tente de se convaincre. Elle pince les lèvres et se mure dans le mutisme.

Désolé, Sven observe Violette.

Et puis, quelque chose le frappe. Comme une évidence.

Comme s'il l'avait toujours su et qu'aujourd'hui il en prenait conscience. Il aime Violette. Il aime ses yeux profonds et ses longs cheveux fins. Ou plutôt il apprécie tout cela. Mais ce qu'il aime, c'est Violette tout entière. C'est la Violette brute quand elle révèle son âme et retire ses masques. C'est celle qui rit, est gênée d'être dévisagée, celle qui panse ses blessures et lui montre les siennes.

Et Violette, au même instant, pense à la même chose. C'est un de ces instants insignifiants qui, dans tout un entrelacs de destins, en modifie deux.

Épiphanie.

Ils ne réalisent pas qu'ils se rapprochent lentement jusqu'à ce que leurs souffles se mêlent. Mais ils réalisent que leurs bouches s'écrasent l'une contre l'autre. Celle de Violette a le goût de baume à lèvres et de dentifrice. Celle de Sven le goût métallique du sang qui perle sur ses lèvres. Mais ils s'embrassent jusqu'à ce qu'ils arrivent à l'arrêt de Violette. Elle se détache lentement en souriant.

– Tiens, je te laisse mon mouchoir.

Sven rit à cette remarque et il la regarde s'éloigner.

Pour la première fois depuis longtemps, il est heureux. Et Violette de même.

17.

Lola s'est postée à côté d'une des barres, comme à son habitude. La fraîcheur du fer au contact de sa peau… Elle imagine toutes les mains qui se sont posées là, pour se tenir, par réflexe ou pour jouer.

Elle détaille le wagon, comme à son habitude. Il y a encore les jumeaux, le groupe de filles et le beau garçon assis près de l'adolescente brune. Il y a aussi un vieux monsieur qui parle à une jeune femme animée, dont la voix surpasse toutes les autres. Un peu plus au fond, deux garçons rient doucement. En face d'elle, une femme enceinte parle à voix basse à une autre, plus grande, plus maigre. À côté d'elles, une petite fille balance ses jambes. Elle est ailleurs, ses yeux sont dans le vide. Quelques personnes esseulées ici et là regardent leur téléphone.

Tout semble bien aller. Tout est normal. Mais Lola a comme ce sentiment qu'un engrenage est rouillé, que quelque chose ne va pas. Ou plutôt un pressentiment. Elle a l'impression que dans l'air flottent des particules subtiles, des particules qui s'infiltrent dans chaque individu et qui lentement le préparent à l'inattendu, l'insoutenable. Lola fronce les sourcils.

Soudain, voilà son arrêt. Elle sourit, elle a besoin de sortir. Elle s'apprête à descendre, en même temps qu'un groupe d'amies. Mais le train ne s'arrête pas. Lola s'écarte lentement de la porte, se dirige vers le centre. On dirait que le temps au-dehors s'est figé, et qu'eux roulent pour l'infini. Quelques personnes s'agitent, détectant comme les prémices de quelque chose. Quelque chose qui enfle doucement, s'éveille en chacun d'eux.

La voix d'une des adolescentes s'élève, stridente : « Pourquoi on s'est pas arrêtés à ma station ? » Les conversations meurent sur les lèvres. Tout le monde se dévisage, soudain devenus compagnons d'impuissance. Lola continue à reculer tandis que le temps qui s'écoule renforce son malaise grandissant. Qui grandit dans le wagon à son tour.

Alors, une voix désincarnée sort des micros : « Un incident technique est survenu. Nous sommes en lien avec nos ingénieurs pour y remédier au plus vite. Nous vous prions de rester calmes et de nous excuser pour ce désagrément. » Puis le micro se tait en grésillant.

Trois phrases. Trois phrases qui suffisent à faire pousser les graines de panique semées parmi les passagers. Et le train continue sa course folle, inconscient du drame dont il est la scène.

Lola sent sa respiration se hacher, son pouls s'accélérer. Son esprit veut raisonner son âme mais son âme est intouchable. Murée dans sa peur. Car Lola sait. Elle le sait depuis le début, depuis qu'elle est montée dans ce train. Peut-être même que sa place est ici et maintenant, mais elle ne peut empêcher la panique de monter en elle, cette panique qui grandit en chacun d'eux, qui murmure et qui attend une seule chose pour éclater. Juste un cri, ou un sanglot incontrôlé. Ou même les grésillements du micro qui se rallume.

Mais rien de tout cela n'arrive. Il n'y a plus que ces êtres humains, perdus dans une immense solitude, celle de l'impuissance et du déni. Parce qu'à présent, tous savent que ce train file vers leur inexorable destin. L'avenir est imprévisible, mais tout finit par arriver. À cet instant, l'espoir naît du déni. De ceux qui parviennent encore à ignorer la réalité.

Lola trébuche contre un siège. Elle s'assied, hagarde. Il n'y a plus rien à faire. Elle a peur. Une vraie peur, celle qui vient du fond de votre cœur et vous soulève, vous emporte comme une tornade. Elle ferme les yeux. Ne voit pas l'impact venir.

Soudain, les rails ne sont plus rien. Le train s'affranchit de ses chaînes et sort du chemin tracé en crissant. Il va vite, trop vite. La Terre pourrait s'arrêter de tourner que les gens ne pourraient empêcher cette panique qui les assaille. Le moment semble durer une éternité, une infinité de milliardièmes de secondes entre deux minutes. Il y a des cris. Mais personne ne sait à qui ils appartiennent. À l'instant même, chacun pense à ce qu'il va laisser derrière lui. Une sœur. Un frère. Des parents, des cousins, des amis. Un magasin, un vieux chat ou une salle de classe. Des gens à qui on n'a pas assez dit qu'on les aimait. Des gens qu'on aurait dû mieux traiter.

Mais déjà vient le choc. Un mur, c'est solide, surtout celui sur lequel nos espoirs s'annihilent. Le train l'est moins. Il se fracasse. Pendant quelques instants irréels, tout le monde flotte. Ils pourraient presque apprécier la sensation si l'instant n'était pas si grave.

Puis tous retombent lourdement et le train se disloque. L'enfer se déchaîne. Mais peut-être n'est-ce que le destin ; la vie est cruelle, plus même que la mort qui n'en est qu'une conséquence, une délivrance. De l'essence, des frictions, une étincelle et du feu. Du fer qui se distord, se replie, se rompt. Des cris, des pleurs.

Et puis plus rien. Le noir. Le néant. Des fragments de vies brisées qui gémissent en silence. La sombre évanescence de pensées interrompues.

Épilogue

Le vieil homme s'arrête devant la plaque de bronze. Il semble même que c'était sa destination première. Il effleure un nom. Gala Loncour. Il est gravé d'une petite et informelle écriture, et la plaque commémorative dégage encore une odeur de métal neuf. Bientôt, elle sera recouverte par les effluves d'essence, de goudron chauffé par le soleil et d'aliments frits des restaurants voisins.

Des gerbes de fleurs dorment au pied du mur. Tous les stigmates de l'accident ont disparu. Sauf le lampadaire tordu et non remplacé, voûté comme une vieille femme. Et il y a cette plaque. En haut, une inscription mentionne en quel honneur elle a été apposée sur ce mur : « En hommage aux victimes de l'accident de train survenu le… » Et puis vient la date et une liste longue d'une quinzaine de noms. Elle commence par un James, finit par une Sara. Et, en plein milieu, se trouve Gala.

Le vieil homme se sait chanceux de ne pas y être. Mais il n'est pas venu pour les morts. Les hommages sont toujours pour les vivants. Pour se souvenir. Il dépose une unique fleur sur le tas. Une tulipe. Et il repart, s'appuyant sur sa canne usée. Elle est certainement la seule à être sortie de l'accident intacte. Ironie du sort.

Il rentre dans l'échoppe d'un fleuriste. Il s'agit une boutique assez moderne, dont la devanture porte un nom fraîchement peint : RER A. Mais l'enseigne en fer n'a toujours pas été changée et indique À la fleur nouvelle, seule trace du passé. Le vieil homme passe dans l'arrière-boutique, écartant un rideau en billes de bois sur lesquelles se déposent chaque jour des petits grains de poussière. Ils retombent en nuage après son passage.

La pièce dans laquelle il entre est de taille moyenne, et les murs blancs renvoient la luminosité venant d'une grande fenêtre. Il y a ici une dizaine de personnes attablées, qui parlent avec animation ou boivent du café. Un grand Norvégien discute de politique avec une brune mince qui tient un bébé dans ses bras. La mère de ce dernier parle à une Asiatique aux yeux rieurs. Des jumeaux, une fille et un garçon, se coursent. Au fond, une grande adolescente observe la rue par la fenêtre.

La cloche de la porte d'entrée tinte et l'homme âgé repart dans la direction inverse. Il déclame un très professionnel « Que puis-je faire pour vous ? » avant de reconnaître les silhouettes dans l'encadrement de la porte.

Un garçon, grand, brun, la main sur la hanche d'une jeune fille mince et élancée. Elle porte une jupe qui révèle la prothèse remplaçant sa jambe à partir du genou. Malgré leur air vacillant, ils sont souriants, ils rayonnent même. Le vieil homme s'exclame :

– Les enfants ! Il ne manquait plus que vous !

– Monsieur Fichon, vous faites un très bon fleuriste, répond malicieusement Sven.

Le désormais fleuriste est traversé par un petit rire grêle qui le secoue comme on secoue les oliviers noueux pour en ramasser les fruits. Puis lui et les deux adolescents traversent le rideau poussiéreux.

Les autres les embrassent, leur serrent la main et lorsque les salutations sont terminées, M. Fichon se lève et demande le silence :

– Bien. Vous savez tous pourquoi nous sommes là. Cela fait un an. Et vous savez tous que cet hommage est plus pour nous, les vivants, que pour ceux qu'on a perdus.

À ces mots, Adèle étouffe un sanglot. Mais le vieil homme reprend, plus pour se convaincre que pour convaincre son petit auditoire :

– Ça ira mieux avec le temps, croyez en mon expérience.

Soudain, il regarde la jeune fille à la fenêtre, toujours immobile.

– Lola ?

Elle se retourne doucement.

– Viens avec nous, le monde sera toujours là après, tu sais. Mais nous, c'est moins sûr.

Il sourit et, à la surprise générale, Lola lui répond, d'une voix douce que personne n'avait entendue jusqu'ici.

– Oh je sais. Il continue. Et il continuera toujours. Il est peut-être temps pour nous d'arrêter de se laisser couler et d'apprendre à nager. D'arrêter de nous infliger cette souffrance. Parce que nous le savons tous. La douleur est subie mais la souffrance est une acceptation. Je vous en prie, ne survivez pas, vivez.

Claire Kozlow

Imagine girls like girls

11 h 30 – 10 juin 2001
– heure à laquelle je suis née
– 16 ans que j'existe sous le nom de Claire Kozlow
– mon inspiration vient du monde entier et des gens que j'y ai croisés
18 h 00 – 13 juillet 2017
– heure et jour où j'ai appris faire partie des lauréats
– mange des livres à toutes les sauces
– j'adore l'odeur des bouquins, neufs ou usés
22 h 05
– heure à laquelle je me couche et commence à lire ou écrire
– naïve, rêveuse, tête en l'air, flemmarde professionnelle, sensible
– Boris Vian est l'un de mes auteurs favoris
23 h 30
– généralement je dors à cette heure-ci
– origines anglaises, russes, belges et françaises
– je pourrais passer ma vie à regarder des séries
10 h 30 – 1er septembre 2017
– ma rentrée en 1ère L
– vécu dans trois pays différents : France, Maroc, Angleterre (pas forcément dans cet ordre)
9 ans
– âge de mon chat
– âge auquel j'ai commencé à écrire des histoires (pas très élaborées certes, ni très concluantes au départ)
– nombre d'années que je fais du cheval
À ma famille, à Yasmine
« Le temps entre le jour et la nuit, c'est ce que nous sommes. »

♥

Rose

Quatre ans plus tôt

Quand il m'a quittée, personne n'était là pour me dire combien il ne me méritait pas. Vous m'avez seulement dit que je n'aurais pas dû le laisser partir.

Quand je me suis coupé les cheveux, vous étiez toutes là pour me faire savoir que j'étais mieux avant.

Quand j'ai eu ma première heure de colle, aucune de vous n'a pensé que j'avais besoin d'être soutenue.

Quand j'ai été dans ma période hippie bohème, vous étiez toutes là, sans exception, à critiquer mon style.

Quand je n'ai pas remporté les élections de délégués de classe, vous m'avez toutes affirmé que je n'aurais pas été à la hauteur des attentes.

Quand je suis partie, personne ne m'a retenue.

Maintenant, je veux qu'on me *remarque.*

♥
Lily
Le jour de la rentrée, comment est Rose

Elle est grande, plus que moi. Ses cheveux relevés en chignon laissent entrevoir sa nuque. Quelques mèches s'en échappent et forment des boucles sur son cou. Je ne vois pas son visage, tourné vers l'avant. Son port de tête et son dos droit lui confèrent une attitude de reine. Comme si elle dominait les autres, comme si le monde était à ses pieds.

Elle n'est jamais seule, elle est entourée d'une multitude de gens. Je ne pense pas qu'elle les voit, ils lui sont inférieurs. Ils sont ses esclaves, paysans autour d'un noble.

Rose est comme la reine des abeilles, les autres sont ses ouvrières. Ils exécutent le moindre de ses désirs, sans exception. Elle dirige d'une poigne de fer sa ruche et ne se laisse pas voler le trône. Les ouvrières lui laissent place et s'écrasent devant sa suprématie.

Maintenant je distingue son visage. Il est d'une froide beauté, sans défaut. Ses yeux sont remplis de haine, ses yeux d'un bleu si pâle qu'ils en deviendraient presque transparents. Le pli dur de sa bouche rouge sang m'attire irrésistiblement. Mon regard est sans cesse dévié vers elle.

Rose me dépasse de plusieurs centimètres, elle est plus grande que la majorité des filles. Ses petits talons lui font gagner en hauteur. Les garçons n'ont d'yeux que pour elle, les filles la jalousent. Et moi, je ne sais pas.

Je ne sais pas si j'ai imaginé le raté que mon cœur à fait en découvrant son visage. Je ne sais pas si j'ai envie de me rapprocher d'elle et de devenir son amie, sa confidente.

Je n'y perdrais rien, sauf peut-être confiance en moi.

Rose possède ce magnétisme fou qui attire les regards vers elle. Elle éclipse les autres filles. Moi en particulier. Je suis devenue invisible au moment même où j'ai franchi la porte d'entrée de la salle de classe. La beauté lui accorde le privilège d'être adulée de tous, sans raison valable. Mais c'est aussi un poison d'être belle à ce point.

J'espère qu'un jour elle ouvrira son cœur à la bonne personne, et non à la mauvaise. C'est comme si c'était déjà arrivé et que depuis, elle méprisait le reste du monde.

La beauté de Rose n'a pas besoin d'artifices, elle se distingue des autres par son éclat. Elle a quelque chose qui subjugue et *hypnotise* les humains, hommes et femmes. Elle brille de mille feux et j'aurais presque peur de devenir aveugle à force d'observer une personne qui irradie autant d'une telle lumière, blanche et crue, froide.

Ses yeux sont un gouffre sans fin, une mer qui nous engloutit sans difficulté. Ils portent tant de haine que ça en semble dangereux de la regarder dans les yeux.

Mais ce n'est pas si simple. Rose est une beauté compliquée, glaciale et distante. On ne peut l'approcher sans avoir peur de se brûler les ailes ; sans la frayeur de ne plus jamais revenir vivant. On ne peut se retenir d'aller la voir mais une fois à ses côtés, on est pris au piège, on n'en ressortira plus jamais indemne.

Un œil non dupé, qui ne s'est pas encore trop approché, peut affirmer que cette fille est intelligente. Elle a une capacité à comprendre les choses difficiles rapidement.

Rose est un joli prénom. Il est court. Facile à prononcer. Une jolie fille ne va qu'avec un joli prénom. *Rose.* C'est si agréable à dire. Si facile à écrire, lire, dire.

Rose est différente. Elle est sublime. Elle est une étoile. Elle est une fleur.

Rose est tout simplement parfaite.

Rose est *Rose.*

♥

Rose

Lily, le jour de la rentrée

On a une nouvelle.

Elle est petite. Blonde. Avec des cheveux très longs, tressés en une coiffure spéciale. Une coiffure qui ne va qu'à elle. Ses cheveux sont maintenus grâce à des petites épingles. Rien de très frivole et pourtant tellement plus doux que les horribles élastiques des autres filles.

Elle dit s'appeler *Lily.* C'est beau. Mais c'est un prénom si courant, si simple. C'en est presque dommage, vu la personne qui le porte. Lily, ça fond dans la bouche comme un bonbon. Je pourrais répéter à l'infini ce prénom rien que pour en garder le goût suave sur la langue.

Lily n'est pas bien grande mais il s'exhale d'elle une douceur incroyable. Mon regard est inévitablement attiré par elle. Elle rayonne, elle irradie une chaleur printanière. C'est comme une brise, elle est rafraîchissante. Elle est nouvelle et fait tellement de bien.

Lily est certes petite mais elle a la grâce d'une danseuse et son corps svelte rappelle celui d'un chat. Sa démarche est féline, dans le bon sens du terme. Ce n'est pas une prédatrice. Elle a une attitude sage et le dos droit, sa tenue est irréprochable.

Mais c'est la splendeur de son visage qui me pétrifie. Ce n'est pas une beauté que l'on voit partout. Non. Lily a ce petit quelque chose qui fait qu'elle est attirante. Elle a un grain de beauté au coin de l'œil gauche, très petit mais qui retient l'attention. Je ne peux m'empêcher de le regarder.

Lily offre un spectacle charmant, son visage est captivant. Ses paupières baissées sur le livre qu'on étudie l'empêchent de remarquer que c'est elle que j'étudie. Plus que le livre lui-même. Elle a le plus beau nez du monde, il n'est pas caractéristique d'un pays mais plutôt un mélange. Même la personne la plus laide au monde pourrait devenir belle avec un nez si fin, si soyeux.

Lily a le teint pâle mais la peau mate, ce qui lui confère une mine curieuse. Mais une merveilleuse mine. Ses mains qui s'activent sur les pages sont graciles et satinées. Je voudrais les tenir. Je voudrais pouvoir tendre la main et toucher Lily pour être certaine qu'elle est bien réelle, pour m'assurer qu'elle n'est pas le fruit de ma luxuriante imagination. Parce que personne ne semble avoir remarqué Lily. Pourtant elle ne peut tout simplement pas être invisible avec une telle délicatesse, une telle fraîcheur.

Ce qui me fascine chez Lily, c'est son humilité. Elle a constamment les yeux baissés, comme si elle avait peur d'offenser quelqu'un. Elle est d'une tranquillité telle que je pourrais croire que c'est une statue romaine. Ce qu'elle ne peut être, car il émane d'elle une chaleur enchanteresse qu'un bloc de marbre ne possède pas.

Lily est une lumière à elle seule. Il suffirait de la placer dans un phare pour que tous les marins à des kilomètres à la ronde perçoivent la luminosité qu'elle diffuse. Personne ne serait plus jamais perdu.

Son visage harmonieux donne l'impression qu'elle est innocente et inoffensive. Mais je suis sûre que sous cette somptueuse carapace se cache une âme beaucoup plus *passionnée* qu'il n'y paraît.

La finesse de ses gestes lui confère un air majestueux. En même temps, la simplicité de ses traits rappelle la noblesse de ceux-ci.

Lily est d'une rare pureté.

Lily est tout simplement féerique.

Lily est *Lily*.

♥

Lily

À Rose en cours de chimie

« Tes yeux bleus si pleins de haine… Je pourrais me perdre dans cet océan si pâle. Je pourrais me noyer dans ton regard. Je pourrais mourir aveugle à force de t'observer. Je pourrais devenir folle à attendre de te parler. Je pourrais devenir sourde rien que pour entendre ta voix cristalline. Car cette voix, je l'ai entendue, oui, quand tu réponds aux professeurs. Je pourrais tout devenir rien qu'en continuant à respirer le même air que le tien. Mais ce n'est pas ça qui va m'en empêcher. Non, je continuerai à respirer le même air que le tien. »

♥

Rose

Pensant à Lily

Son message m'a fait sourire. C'est drôle, je ne m'attendais pas à ce qu'elle me perce à jour aussi facilement. Généralement, les gens mettent plus de temps à me comprendre, ou au moins, à engager une discussion. C'est vrai que je suis en colère contre le monde entier ; pas contre elle, cependant.

Lily a eu une étrange façon d'engager la conversation avec moi. Je ne sais pas si c'était voulu ou pas. Peut-être a-t-elle juste pensé au meilleur moyen de m'aborder.

Dans cet établissement, les gens ont peur de moi, peu osent venir me voir.

Ce qui m'a le plus marquée, ce sont les courbes graciles que formaient ses lettres sur le papier. Ce ne sont pas seulement des mots, c'est de *l'art*. Lily est une artiste rien qu'en rédigeant quelques lignes.

Sa façon d'écrire m'interpelle. Cette fille est fascinante, elle me subjugue. Je ne sais que penser.

La couleur du stylo aussi est intrigante. Pourquoi écrire en vert d'eau ? Est-ce son stylo fétiche ? Celui avec lequel elle écrit tout ce qui lui passe par la tête, comme je le fais ? Est-ce en rapport avec la couleur de ses iris, d'une telle douceur ? Aurais-je un jour la réponse à toutes ces questions ? Au fond, est-ce important ? Pour moi, ça l'est.

J'observe discrètement ses yeux. Ils sont remplis de tristesse. Ils dégagent une mélancolie qui donnerait envie de pleurer à n'importe qui, rien qu'en la voyant. Je pourrais me noyer dans mes propres larmes à force de regarder ses yeux d'un vert si pur, si prononcé.

Lorsqu'elle se concentre, sa pupille se dilate, comme sous l'effet d'une drogue, ainsi que lorsqu'elle lève les yeux, peureusement. C'est comme s'ils lançaient une prière muette. Ils veulent que quelqu'un la sauve. Ils exigent que quelqu'un la sauve.

Je range le morceau de papier soigneusement découpé dans une petite pochette. Elle est vide pour l'instant mais j'espère recevoir d'autres messages de ce genre. Parce qu'il n'y aurait que Lily pour me les écrire.

♥

Lily

De Rose à Lily en cours de chimie

« Tes yeux remplis de tristesse. Je devrais te demander pourquoi. Mais au fond, on ne se connaît pas. À quoi bon ? Alors je m'invente des histoires, m'imagine mille scénarios pour être sûre que la peine qui glace ton regard ne peut être causée par pire que ce que j'ai imaginé. Je suis à peu près certaine que si je continue à les observer ainsi, je me mettrai à pleurer toutes les larmes de mon corps. Alors il faudra construire une arche pour que cette eau salée ne nous engloutisse pas. Un jour tu me diras pourquoi tes yeux sont si tristes, je te dirai pourquoi les miens sont en colère. »

♥

Rose

De Lily à Rose en cours d'anglais

« C'est intéressant, nous formons à nous deux une tempête. Tu serais le vent qui souffle rageusement sur la ville et je serais la pluie qui glace les gens jusqu'aux os. Mais je préfère penser que nous sommes notre propre tempête destructrice. On réduirait tout à un formidable néant après notre passage. Peut-être les forces de la nature veulent-elles nous faire passer un message. Je continuerais à tout écraser sur mon chemin. »

♥
Lily

La manière dont les gens réagissent à un message est étrange. Je suis très heureuse que Rose m'ait répondu. Ma réaction est unique. Chacune est unique.

Chacun a une perception différente de la réalité. Je vois les choses telles qu'elles sont, mais pas telles que je les vois.

Un individu est un mélange complexe de sentiments, d'humeurs. C'est un tout raffiné et sensible au monde extérieur. Mais personne n'a le même degré de sensibilité. Il y a ceux qui se fichent éperdument du monde dans lequel ils vivent, il y a ceux qui font plus ou moins attention à leur environnement et puis il y a ceux qui ne savent pas quoi penser ni comment se comporter face à une telle quantité d'éléments. Je fais partie des gens qui ne savent pas.

Je pense que Rose aussi. Elle a l'air si énervée qu'elle en serait presque perdue. Ça nous fait un point commun.

Les humains ne sont pas faits pour vivre seuls, ils sont faits pour vivre en communauté, ensemble, pour le meilleur et pour le pire. Alors pourquoi Rose et moi sommes-nous mises sur le bord de la route, en bordure de société ? Rien n'est plus simple que d'écarter une personne de son chemin, mais il est bien plus complexe de la garder et de marcher à ses côtés, sans jamais se faire distancer, ni distancer l'autre.

Imaginer un monde sans tant d'individus est impossible. C'est comme imaginer une forêt sans arbres. Alors pour ce qui est d'imaginer la classe sans Rose…

Rose
Quelques mois plus tôt, en février

Il pleut des chiens et des chats. Personne. Je suis seule sur la plage. L'eau s'infiltre par tous les pores de ma peau, me lave entièrement. La mer tremble et gronde comme jamais.

Un combat fait rage. La pluie ne cesse de s'abattre sur l'eau salée, essayant vainement de la diluer. Peine perdue. J'assiste à cet étrange spectacle.

Les vagues sont en colère, elles emportent la mienne et *l'écrasent* contre les rochers. Je penche la tête en arrière. L'eau dégouline le long de mon cou puis dans mon dos. Un frisson me parcourt.

Je ne cherche pas à m'abriter du mauvais temps, au contraire, je le laisse me *nettoyer*.

Je n'ai plus envie d'être celle que je suis devenue. Je veux redevenir *invisible.* Mais c'est impossible. Je n'ai plus envie d'être en couple avec cet abruti. J'ai envie d'être normale à nouveau.

Les garçons sont des épines dans mon pied. Ils me gonflent. Ils sont immatures. Ils m'adulent uniquement parce que j'ai un physique avantageux. Maintenant, je ne veux plus qu'on me remarque. Les garçons. Des êtres trop simples et pourtant si complexes. Je veux faire un *break* d'eux. Si je m'en éloigne, peut-être redeviendrai-je celle que j'étais avant de débarquer dans ce foutu établissement. *Les garçons.* Même s'ils sont un peu bêtes et méchants, je les aime bien malgré tout. Ils me protègent des mesquineries des autres filles.

L'eau goutte de mes cheveux puis s'écrase au sol, sur le sable trempé. Sable qui rentre dans mes chaussures. Sable qui ne me gêne plus.

Je respire une dernière fois cet air si pur. Je m'enivre de son odeur chargée d'humidité. Le sel de la mer a emmêlé mes cheveux. Ils virevoltent autour de ma tête, comme les tentacules d'une méduse.

Je m'en vais. Je piétine les grains de sable mouillés. J'ai pris une grande décision. Je ne reviendrai plus en arrière.

♥

Lily

Un an plus tôt

« Tu te fous de moi ?! Non mais tu me trompes là ?! Avec ça, en plus !?

– Arrête ! Tu lui fais mal !! Arrête !

– Qu'est-ce qui te prends ?! Comment peux-tu me faire ça ?! À moi ? Jamais !! Tu m'entends ?! Ne reviens plus jamais me voir, sale merde !! »

♥

Rose

À Lily

« Les étoiles sont des milliards. Elles nous illuminent la nuit, et la journée elles veillent sur nous. Pourtant, une étoile est une explosion. La lumière produite pendant cette déflagration met plusieurs millions d'années à nous parvenir. C'est mélancolique en un sens car c'est comme si l'étoile mourrait. Mais elle n'en reste pas moins sublime et mystérieuse. Quand je regarde les gens autour de moi, aucun n'a d'infimes particules d'étoile dans les yeux. Sauf toi. Même avec cette infinie tristesse, ton regard en est plein. Nous sommes de la poussière d'étoiles. »

♥

Lily

À Rose

« C'est poétique de penser ainsi. L'univers dans lequel nous sommes est comme un vase plein de fleurs. Il y a les pétales, les tiges, les feuilles, le pollen, les pistils. Un vase n'est pas complet sans tous ces éléments. Comme l'univers sans les étoiles, les planètes, les gaz. Comme notre classe sans toi, moi et les autres. Ça ne serait pas naturel, ce serait incomplet. Alors la vie se résume à un vase. »

♥

Rose

Quelques mois plus tôt, en février

Ça y est. J'en ai fini avec ce couple qui me plombait le moral. Désormais je suis la reine célibataire du bahut. Tant mieux. L'abruti qui me servait de copain me soûlait. Il était collant. Il n'était pas spécialement gentil. Mais il était beau. Je ne sais pas comment j'ai pu tomber sous son charme.

Je peux dire que je n'ai pas fait que tomber, j'ai *dégringolé*. Je me suis cassé la gueule et personne ne m'a rattrapée. Mais je m'y attendais. Alors je ne sais pas pourquoi je suis tout de même sortie avec lui.

Je regrette de m'être laissée manipuler de la sorte par

un idiot fini. Par quelqu'un qui n'a que des couilles. Par un garçon. Ça me donne envie de vomir, maintenant que j'y pense.

À bien y réfléchir, j'aurais aussi bien pu me faire manipuler par une fille, j'aurais été tout autant dégoûtée par cette attitude.

♥

Lily

Deux jours plus tard

Les murs de ma chambre se tapissent lentement mais sûrement de portraits. De dessins sans queue ni tête. De parties plus ou moins faites à l'encre, à l'aquarelle, à la gouache. Certaines feuilles sont tout juste crayonnées. J'ai un certain plaisir à dessiner ce qui m'inspire, ce que je trouve intéressant. Car mon plus grand problème, c'est bien l'inspiration. Je dessine beaucoup, mais ce ne sont que des copies. Sauf dans le cas des portraits.

Je passe des heures, le soir, à croquer des parties de corps, parfois même jusqu'à tôt le matin. Comme hier, où je suis restée éveillée jusqu'à 2 heures. Mais ça ne me dérange pas. Je ne me fatigue pas, alors j'en profite. Et puis, dans deux jours c'est le week-end, je pourrai crayonner et dormir tout mon soûl.

Personne n'est encore entré dans mon royaume, mais je compte bien changer la donne.

C'est étrange quand j'y pense, je n'ai aucune photographie de ma famille ou de moi dans ma chambre. Elle est vide de toute trace de ce qui pourrait me définir. Ce qui n'est pas plus mal. Je préfère que ça reste ainsi. J'ai beau adorer mes parents, ma petite sœur et mon grand frère, jamais ils ne me comprendront. Ce qui est bien, en revanche, c'est que je peux vivre ma vie comme je l'entends depuis que je suis ici. Ce n'est pas que je coupe les ponts, mais presque.

Rose est vraiment intrigante. Ce que j'aime bien chez elle, c'est son côté *sauvage* et en *colère.* Elle en veut au monde entier. On ne s'est pas encore parlé, ça aussi, j'aime bien. On se voit de loin, on discute par messages mais on ne s'est toujours pas abordées. Je trouve que c'est une approche plus douce et en même temps tellement plus brutale que les habituelles salutations gênées du début d'une relation. De n'importe quelle relation.

♥

Rose

Trois jours après la rentrée

« Tiens, c'est pour toi. Je pense que ça irait vraiment bien avec ton pull rose pastel. Celui que tu as mis le premier jour, qui te va tellement bien. J'espère que la fleur te plaira. Je l'ai choisie spécialement pour toi ! »

♥

Lily

À Rose en cours de maths, le lendemain

« Merci pour ton cadeau ! C'est gentil, tu es la première à m'en faire un. Mais je préfère croire que j'en ai déjà reçus. Ça me permet de penser que je ne suis pas différente. Les gens mentent à mon sujet. Ils mentent sur toi aussi. Mais je sais que tu es une personne sensible. Cette fleur le prouve. Les gens nous perçoivent à travers une vitre épaisse. Ce qu'ils voient est flou, ils ne le discernent pas très bien. »

♥

Rose

Quatre ans plus tôt

« Maman, je veux aller dans cette école.

– Mais ma chérie, tu seras loin de tes copines, et de nous !

– Mes copines s'en foutent. Elles se fichent complètement de moi. De toute façon, elles ne m'ont jamais intéressée, et c'est réciproque.

– Et nous, alors ?

– Vous… Je pense que j'ai besoin de recul par rapport à votre divorce. S'il te plaît, laisse-moi une chance de me sortir tout ça de la tête !

– Soit, tu iras là-bas. Mais sache que ça ne m'enchante pas.

– Merci. »

♥

Lily

À Rose en cours d'anglais

« Un jour, les gens réagiront différemment. Ils ne seront plus aussi cruels entre eux. Mais on a tous une part de méchanceté qui ressort à un moment ou à un autre. Sauf qu'il y a ceux qui savent la contrôler, ceux qui dévastent tout sur leur passage sans le vouloir, et ceux qui se réjouissent d'être cruels. Ma tornade n'est pas méchante, elle me protège. J'ai été blessée par le passé, alors elle ressurgit quand mon petit cœur semble en danger. Je pense que ceux qui sont cruels ont tous souffert, c'est ce qui les a poussés à le devenir. »

♥

Rose

À Lily en cours de chimie

« Je suis méchante. Je le suis devenue. J'ai été malmenée par des filles alors j'écrase les gens par peur qu'ils me détruisent aussi. Je sais que tu l'as ressenti dès que tu m'as vue. Dis-moi, qu'est-ce qui t'as poussée à m'écrire, si toi aussi tu as été blessée ? Parce que je pourrais très bien devenir cruelle envers toi sans raison. »

♥

Lily

À Rose en cours de chimie

« Je sais que tu ne me blesseras pas volontairement. Tu as besoin de quelqu'un qui pourrait te comprendre. Je l'ai lu dans ton regard et aussi en observant attentivement ta bouche. Tes réactions sont éloquentes. Elles sont un appel à l'aide muet. Tu réagis vivement et trop violemment. On est dans le même cas, on a toutes les deux besoin d'être secourues, alors on s'écrit. C'est notre bouée de sauvetage. »

♥

Rose

Vendredi, dernier jour de cours

Il règne dans la classe une étrange atmosphère. Les gens m'observent de plus en plus curieusement. *Lily* est aussi la cible de *rumeurs*. Les autres trouvent notre échange malsain. Trop *particulier*, trop *singulier.*

C'est vrai qu'on n'a pas vu souvent deux filles s'écrire sans même se connaître. Surtout, on ne m'a vue ni écrire ni parler à qui que ce soit de nouveau depuis plusieurs mois. Depuis ma rupture, pour être précise. Alors ça jase dans la basse-cour. Bien sûr, personne n'est au courant de la teneur de nos messages. S'ils venaient à le découvrir, ils savent de quoi je suis capable.

Je pourrais leur pourrir la vie. Je pourrais sans problème faire renvoyer cette personne malveillante. Je pourrais la faire dégringoler de l'échelle jusqu'à ce qu'elle se retrouve tout en bas. Quand il le faut, je peux être une vraie garce. Aucunement gênée par ma conscience.

Donc si les gens lancent des rumeurs, ils font attention à ce qu'ils *disent*.

♥

Lily

Le week-end

Je n'ai pratiquement rien fait de mes deux jours de repos. Vendredi soir, je me suis couchée à pas d'heure. Samedi, j'ai dormi jusqu'à midi. Je suis sortie en ville et j'ai mangé des sushis. J'ai passé l'après-midi à dessiner dans le parc de l'école.

Le soleil chatouillait ma nuque sous mes cheveux relevés en chignon décoiffé, fait à la va-vite. Personne pour me déranger. Une légère brise pour me rafraîchir lorsque j'avais trop chaud. Elle caressait mes jambes nues. Les oiseaux gazouillaient, les feuilles bruissaient doucement, l'atmosphère était harmonieuse. J'étais dans un état second. Tout ce qui m'entourait ne m'atteignait pas et en même temps, j'étais pleinement consciente de ce qui évoluait dans les environs. C'était particulier, pour le moins.

Les murs de ma chambre sont de plus en plus recouverts. Il ne reste presque plus de place pour ajouter de nouveaux dessins, peintures et autres gribouillis.

Dimanche, j'ai glandé toute la matinée dans la bibliothèque de l'école à la recherche d'un quelconque livre. Puis je suis retournée dans ma chambre, j'ai dansé et chanté un bon moment avant de redescendre sur terre et de me plonger dans la lecture d'un petit roman. J'ai passé la soirée à dessiner encore et encore.

Dans deux jours, j'aurai fini la décoration de ma chambre pour de bon. Je me demande ce que je vais bien pouvoir faire *plus tard.*

♥

Rose

À Lily en cours de musique

« Tu penses qu'on pourrait se parler pour la première fois ? J'ai peur, Lily. Peur de ta réaction. Tu m'as déjà vue, ce n'est pas donc pas ce que tu penseras de mon physique qui m'effraie. En plus, je suis certaine que tu n'es pas du genre à agir différemment en fonction du corps de la personne. Non, ce qui m'inquiète, c'est ta réaction face à ma façon de penser. À mes goûts. À ce qui m'intéresse. À ce que tu penses de nous. Est-ce qu'on est amies ? Ou bien juste des connaissances ? C'est à toi de choisir, pour moi mon choix est fait. »

♥

Lily

De Lily à Rose en cours de musique

« Moi aussi j'ai peur. Peur que tu me trouves trop timide. Peur de ta réaction au sujet de mes préférences. Je n'ai pas peur que tu critiques mon style vestimentaire puisque ce qui compte à mes yeux, c'est qu'il me plaise à moi. Non, comme toi, j'ai peur que tu trouves ma façon de raisonner et de penser étrange. Ce qui me rend triste, c'est que ça veut dire que c'est la fin de notre échange. Ce qui est bien, c'est que cet échange aura mené à quelque chose d'encore mieux. Pour moi aussi, mon choix est fait. Je sais qui tu es pour moi. Ce que tu représentes. »

♥

Rose

À Lily, mardi matin, en cours de français

« Au moins, on est pareilles. Je te propose qu'on se retrouve dans ta chambre jeudi soir, à 20 h 30. Si ça ne te convient pas, alors on trouvera un autre arrangement. Ce qui me réconforte, c'est de savoir qu'on a les mêmes craintes. On partage cette angoisse ensemble. C'est comique, en un sens. Deux filles qui se connaissent un peu, ont les mêmes peurs et les mêmes espoirs, vont se rencontrer. »

♥

Lily

À Rose, sur le palier de la porte de sa chambre, mercredi matin

« C'est parfait. Je suppose que tu as reçu le rouge à lèvres. C'est une jolie couleur, qui t'ira à merveille, je le sais. Et puis, c'est aussi en réponse à la magnifique fleur que tu m'as offerte. J'ai hâte de te "rencontrer" pour la première fois. Mon estomac danse la java dans mon ventre. J'ai comme l'impression que c'est la même chose pour toi ! Intuition féminine… À demain soir ! »

♥

Rose

Dix jours après la rentrée, jeudi soir

Je pousse la porte de la chambre de *Lily*. Ce soir, on va discuter pour la première fois, en vrai. Je rentre dans la pièce qu'elle occupe depuis quelques jours.

Mon regard embrasse sa chambre. Ce n'est pas vraiment en désordre. Ce qui me choque, ce sont les innombrables portraits accrochés aux murs. Ils tapissent tout, ne laissant pratiquement aucun espace. Il y en a même au plafond.

Je lève la tête et tourne sur moi-même, le regard toujours en mouvement. Je ne peux pas tous les voir, les dessins sont trop nombreux. Chacun représente un morceau du corps d'une femme. Je la vois partout, c'est toujours la même. Elle est *omniprésente.* Ses courbes délicates, ses cheveux flottant dans un vent imaginaire, ses yeux qui semblent lancer des flammes, le galbe de ses jambes, la rondeur de ses seins, sa bouche pulpeuse.

Les aquarelles tapissent la moindre parcelle des murs de la petite pièce. Je ne saisis pas qui est la muse, le modèle.

Lily sort de sa salle de bains. Elle est en T-shirt et culotte. Elle rougit légèrement en me voyant l'observer mais elle n'esquisse pas un seul geste.

Elle me regarde parcourir des doigts ses ouvrages. Je m'arrête sur un visage. On n'en voit que les yeux, le nez et la bouche. Je reste bloquée dessus. Les secondes s'enchaînent. J'en oublie presque la présence de Lily, dans mon dos. Je sonde le papier, analyse chaque coup de pinceau.

Lily s'assoie en tailleur sur son lit. Je la rejoins. On ne dit rien. Nos *souffles* seuls viennent troubler ce silence. Là, assise sur le matelas, je me sens bien. Je n'ai pas envie de bouger. Je resterais comme ça des siècles entiers si je le pouvais, à côté de la présence rassurante de Lily.

♥
Lily

Rose est assise à côté de moi. On est proche. Je sens sa chaleur. Je sens son odeur. Une odeur fruitée, de clémentine. Elle sent *bon*.

On ne dit rien durant plusieurs minutes, on se contente de regarder mes dessins. J'ai envie de lui dire quelque chose. Mais j'ignore si elle risque de mal le prendre. J'ai peur de me lancer. Mais si je ne le fais pas, je ne le saurai jamais. Alors je me décide finalement à rompre le silence.

« C'est toi. C'est ton corps, tel que je le perçois à travers tes vêtements. »

Rose ne répond rien. Ses yeux ne s'agrandissent pas d'effroi. Elle n'est pas choquée. Elle est calme, sereine.

Après quelques secondes, elle tourne la tête. Je suis frappée par la beauté de son visage, encore plus évidente de près. Elle n'est pas parfaite, mais ses quelques petites imperfections la rendent encore plus belle.

« C'est tellement plus beau qu'en réalité. »

Je me tais. Je sais que c'est faux. La jeune femme assise à côté de moi est sans aucune prétention sublime.

Rose attrape ma main. On reste ainsi plusieurs minutes.

Je *la* regarde, elle *me* regarde.

♥

Rose

La senteur vanillée de Lily vient chatouiller mon nez. J'éternue.

« À tes souhaits ! »

Lily rigole. Je la rejoins dans son rire. C'est un son si agréable. Un rire franc, doux.

Nos mains entremêlées me calment. Je n'ai plus envie de faire quoi que ce soit. Je suis bien, là, à regarder la personne la plus belle au monde.

L'odeur suave de Lily me fait *tourner la tête.* Je baisse les yeux. Je pense que je ne devrais pas. Mais Lily me regarde si intensément que c'en est gênant. Ses yeux me supplient.

Alors je relève la tête. Je vrille mon regard au sien.

Ma tête se rapproche de la sienne. Elle ne recule pas. Elle avance aussi. Nos souffles se rencontrent. Ils sont chargés de *promesses.*

Je ne tiendrai plus très longtemps.

♥

Lily

Rose,
sa bouche si près de la mienne,
je ferme les yeux,
et je me penche encore plus près.
Ma bouche *s'écrase* contre la sienne,

ses lèvres ont un goût sucré. Elles sont douces, chaudes.

Les mains de Rose se détachent des miennes et viennent encadrer mon visage.

Je bascule en arrière. Rose tombe sur moi.

Nos jambes *se mêlent.*

Nos lèvres *s'embrouillent.*

Nos cheveux *se mélangent.*

On est en parfaite harmonie,

On ne cherche pas à nier notre attirance l'une envers l'autre.

Je l'ai déjà trop fait par le passé. Résultat, mon cœur est en miette. Mon copain m'a jetée comme une merde parce que j'ai embrassé une fille.

Rose recule un peu. On *respire.*

Elle pose sa tête sur mon épaule, au creux de mon cou.

Mes mains s'agrippent à son T-shirt. Ses doigts refusent de lâcher mon visage. Ils passent dessus sans cesse.

C'est une caresse si douce. Tellement exquise.

J'éteins la lumière,

on est toutes deux en pyjama,

on passe la nuit chastement blotties dans les bras l'une de l'autre.

À dormir *emmêlées.* Complètement en *accord* avec nous-mêmes.

On s'est *acceptées.* On s'est enfin senties pleinement *vivantes.*

Cléa

La pie

Je m'appelle Corinne, j'ai 16 ans, mais c'est sous mon nom de plume Cléa que vous retrouverez mes histoires.

J'ai une chance incroyable de faire partie de ce projet.

Depuis que je sais lire, j'en suis certaine : je veux devenir une sorte de Victor Hugo du XXIe siècle ; aider les gens avec mes textes, changer le monde avec ma plume. Décrire et réécrire le monde à ma façon. Depuis, lire et écrire sont devenus mes passe-temps favoris, on ne peut plus me trouver sans un livre ou un crayon avec moi. Écrire, c'est partout et tout le temps ; plus qu'une passion, c'est une nécessité.

Mais il me manquait quelque chose... des personnes avec qui partager ma passion, un regard professionnel. Et grâce à un coup de fil, la petite étincelle de magie est apparue dans ma vie. L'aventure a à peine commencé, et pourtant j'ai l'impression d'avoir trouvé ce qui me manquait.

Un avenir, des personnes incroyables et bourrées de talent, et tellement plus encore...

Mais je vais commencer par vous laisser tourner la page et vous évader avec moi dans ce monde magique qu'est la lecture.

Et je vais laisser mon rêve se réaliser.

« Elle s'appelle Sarah. Elle sort tout droit de mon imagination, mais elle s'appelle Sarah. Elle est plutôt petite – un mètre cinquante-sept environ – et un peu enrobée. Elle a de longues boucles brunes qu'elle noue souvent en une tresse qui lui retombe le long de l'épaule. Ses grands yeux verts expriment toujours un million d'émotions à la fois : le doute, l'espoir, la détermination, la joie, la crainte ou la tristesse. D'immenses lunettes à monture bordeaux lui mangent la moitié du visage, un visage rond au teint mat et au sourire dévastateur. Elle s'appelle Sarah et son histoire, je l'ai vécue avec elle. Je l'ai vécue à travers elle. Parce que son histoire, ce sont mes mots.

Sarah a vingt-deux ans. Elle est étudiante en fac de droit dans une petite université française de l'adorable ville de Glasgow. Pourquoi Glasgow ? Je ne sais pas. J'ai toujours aimé le Royaume-Uni, et les cultures différentes de la mienne. Et puis, j'aime bien la façon dont ça sonne. Glasgow.

Sarah étudie donc le droit en Écosse. Elle n'a pas eu une enfance difficile, sans être vraiment facile non plus. Elle n'en parle pas beaucoup. *Je* n'en parle pas beaucoup. Mais je me plais à imaginer différents scénarios. Le plus souvent, je l'imagine dans un petit village du nord-est de la France, en lisière d'une forêt. L'hiver, il y neigerait beaucoup et elle adorerait regarder les rues recouvertes de délicates étoiles blanches. Voilà peut-être aussi pourquoi Glasgow. À dire vrai, je n'ai jamais visité cette ville – même si j'adorerais ! – et je n'ai même jamais regardé sur internet à quoi elle pouvait bien ressembler ; elle m'a toujours semblé associée à l'hiver. Le blanc, les patinoires, les doudounes, les chocolats chaud bus au pied de la cheminée – la neige.

Mais si on n'en sait pas beaucoup sur l'enfance de Sarah, elle évoque en revanche souvent sa famille. Sa mère. Son père. Hugo. Danae.

Les parents de Sarah sont adorables. Ils ne gagnent pas beaucoup d'argent mais se débrouillent toujours pour que leurs enfants aient ce qu'il leur faut. Sarah sait que ses parents ont dû faire pas mal de concessions pour pouvoir financer ses études, et elle leur en est grandement reconnaissante. Quant à Hugo, c'est le petit frère idéal. Gentil, mignon, souriant, attentionné et rempli de tendresse. Contrairement à sa sœur, il est blond vénitien, comme leur père. Il a huit ans, travaille bien à l'école et aime sa sœur plus que tout au monde. Quand elle est partie, au début du roman, ç'a bien sûr été une déchirure pour lui. Mais il a souri à sa sœur tandis qu'elle entrait dans la zone d'embarquement. Et Danae, c'est la seule que Sarah a pu emmener. Cette chienne d'une race proche de celle des husky, Sarah l'a reçue le jour de ses six ans. Et depuis, elle ne la quitte plus.

Au-dessus de mon lit, il y a un tableau. Un jour, quand je suis rentrée de l'école, je l'ai trouvé accroché là. Dans la soirée, j'ai appris que c'était une surprise de mon père. Et on peut bien sûr retrouver ce tableau accroché au mur de la petite chambre qu'occupe Sarah sur le campus de l'université.

Ce tableau, c'est *La pie*, de Claude Monet.

Cette peinture a bercé toute mon enfance, et toute celle de Sarah. Je dirais même que cette peinture a inspiré l'existence de Sarah. Tous les soirs, avant de m'endormir, je me contorsionnais dans mon lit pour pouvoir l'observer. Sarah, plus maligne que moi, l'a accroché en face d'elle, et non pas au-dessus d'elle. Et c'est au milieu de ce paysage blanc que Sarah est née.

Puis c'est Théo qui a pris vie. Pas dans un décor enneigé, mais à Paris. Il a vécu avec sa mère dans la capitale et a toujours rêvé de voyager ; c'est ainsi qu'il s'est retrouvé à Glasgow avec Sarah. Et avec Skye, aussi, mais cette dernière est née en Écosse, et elle a décidé d'étudier le français dans son pays.

La première fois qu'ils se sont rencontrés, ils étaient en cours de chimie. Sarah, plutôt douée dans les matières scientifiques, avait tout de suite compris le principe de la première expérience de l'année – du basique, avait-elle soupiré pour elle-même. Mais lorsqu'elle avait jeté un coup d'œil à la paillasse derrière elle, elle avait trouvé Théo et Skye – bien qu'elle ignorait alors leurs prénoms – en pleine dispute. La jolie blonde à la peau diaphane soutenait, avec un accent anglophone mais dans un français parfait, qu'il ne fallait pas mélanger le bicarbonate de soude avec du dioxyde de carbone. Son voisin répliquait que, au contraire, c'était le but de l'expérience. Après les avoir écoutés quelques minutes en pouffant, Sarah était intervenue en leur montrant le protocole expérimental que leur professeur leur avait donné au début du cours.

On peut dire que ces trois-là se sont bien trouvés. Parce que c'est grâce à eux que Sarah a souri. C'est grâce à eux qu'elle a changé. C'est grâce à eux qu'elle a vécu.

Sarah, Théo, Skye, Hugo, Danae et tous les autres font déjà partie de ma vie. Ils égayent mes nuits, mes journées, mes pensées et m'accompagnent dans ces moments où j'ai besoin de me raccrocher à quelque chose. À quelqu'un.

Alors, s'il vous plaît, donnez-leur la chance de se faire une petite place dans d'autres vies. Donnez-leur la chance de raconter leur histoire, d'aider d'autres personnes à rire, sourire et oublier leurs soucis – ne serait-ce que quelques secondes. Donnez-leur la chance de commencer une nouvelle vie. Faites les vivre.

Merci pour eux,
Violette »

– C'est tout ?

Violette releva la tête. Absorbée par la contemplation de ses chaussures, elle n'avait pas vu l'homme en face d'elle sortir de sa lecture.

– C'est tout ? répéta-t-il en haussant les sourcils. Vous êtes sûre qu'il n'y a rien d'autre ?

Un instant, la jeune fille fut tentée de balbutier des excuses, d'attraper son sac à dos, la feuille posée sur le bureau en bois devant lequel elle était assise, et de sortir en courant.

Mais elle se reprit très vite et, comme durant les deux heures de trajet de métro qui l'avaient conduite jusqu'au bureau de cet éditeur parisien – la ville de Théo, s'était-elle dit quand elle avait reçu la lettre la priant de bien vouloir accepter ce rendez-vous, elle sourit (comme toujours lorsqu'elle pensait à ses personnages) et se répéta mentalement : « J'ai 22 ans. J'ai commencé à écrire ce roman à 16 ans. J'y ai consacré six ans de ma vie, ce n'est pas rien. J'ai déjà reçu de nombreux avis, tous positifs. Comme me l'a dit ma prof de littérature hier encore, je sais ce que je fais. Je dois croire en moi. Je dois croire en Sarah et en tous les autres. »

Violette releva brusquement la tête. Elle observa l'homme avec détermination et répliqua fermement :

– Oui.

L'homme posa sur elle un regard indéchiffrable. Elle paraissait jeune, mais avait quelque chose dans sa façon d'être qui contrastait avec l'âge qu'elle devait avoir. Elle avait de longs cheveux châtains qui retombaient en cascade dans son dos et d'énormes lunettes noires. Elle était jeune mais dégageait l'expérience de quelqu'un qui avait vécu.

– Où est votre roman ?

L'éditeur désigna du menton l'enveloppe qui gisait sur son bureau et, à côté, la lettre qu'il venait de lire.

Violette inspira un grand coup. C'était maintenant que tout allait se jouer. Avant de prendre la parole, elle eut une pensée pour Sarah, songeant au passage où elle avait envoyé son dossier d'admission à l'université de Glasgow.

– La lettre que vous venez de lire n'est que le prélude de mon roman, commença la jeune fille d'une voix qu'elle voulait décidée. En écrivant cette histoire, j'ai pris conscience de beaucoup de choses. J'ai beaucoup appris. J'ai vécu au rythme de mes personnages ; j'ai vécu avec eux. J'ai vécu pour eux. J'ai pris conscience de toutes ces émotions qu'on a au fond de nous et qui, quelques fois, ne voient jamais le jour. J'ai écrit ce roman avec mon cœur ; j'y ai mis tout mon être et toute mon âme ; toutes mes failles et tous mes secrets.

Violette s'interrompit un instant pour reprendre sa respiration. Elle avait l'impression de parler comme dans sa lettre. De parler comme elle écrivait. Elle sourit en entendant la petite voix à l'accent anglophone de Skye lui décréter, dans un français parfait, en excellente élève qu'elle était : « *Come on*, Violette ! Si tu es ici, c'est que cet éditeur a aimé ta façon d'écrire. *So*, plus tu lui offriras ces mots que tu sais si bien manier, plus tu auras de chances de le conquérir. »

Ça, la jeune fille ne pouvait qu'approuver – pour la simple et bonne raison que cette lettre, l'éditeur l'avait déjà lue, puisqu'elle la lui avait envoyée. Et il avait tenu à la relire devant elle.

Violette reporta son attention sur l'homme. Il était intimidant, dans sa veste de costume noire et son impeccable chemise blanche. Elle se demanda brièvement si c'était sa femme qui l'avait repassée, ou s'il était un homme moderne.

L'éditeur ne la quittait pas des yeux. Il semblait attendre la suite. Violette inspira profondément et reprit donc :

– J'ai rédigé cette lettre deux jours après avoir fini d'écrire mon roman. Je sentais que j'avais accompli mon projet ; mais je ne pouvais me résoudre à laisser ceux avec qui j'ai partagé six ans de ma vie filer ainsi. J'avais besoin de les ressentir une dernière fois, de leur laisser quelque chose – une nouvelle vie dans les esprits des gens. De leur faire comprendre combien ils comptaient pour moi. C'est pourquoi j'ai décidé de n'envoyer que cette lettre aux maisons d'éditions. Soit mes mots et ma façon d'écrire vous plaisent…

Violette laissa sa phrase en suspens, secoua la tête, se reprit :

– Soit mes mots et ma façon d'écrire vous touchent, vous saisissent au cœur et changent la perception que vous pouvez avoir des choses et de la vie, comme mes personnages l'ont fait avec moi et avec ceux qui les connaissent déjà, et je continue avec vous ; soit vous n'êtes pas convaincu et dans ce cas, j'estime que vous n'avez pas besoin de lire mon roman, de le ressentir et de vivre avec ces fragments de mon âme.

Ce moment, Violette se l'était imaginé des centaines de fois, sans pourtant être convaincue qu'il arriverait réellement. Quand elle en avait discuté avec ses parents, son père l'avait regardée tendrement et s'était exclamé, avec une détermination farouche dans la voix : « Ça passe ou ça casse ! » Puis il s'était empressé d'ajouter : « Mais n'oublie pas, ton arme à toi, c'est l'imagination. Et elle est invincible. »

Comme avec le tableau qu'il lui avait offert, il venait encore de saupoudrer son âme d'une pincée de poussière de fée : de l'amour.

Violette tremblait. Malgré les mots de son père qui résonnaient encore dans sa tête, elle n'était sûre de rien. Elle plongea ses yeux dans ceux de l'éditeur. Il était comme figé sur image. Il ne disait rien, ne bougeait pas. Pourtant, Violette crut déceler dans son regard une petite étincelle. Avait-il aimé son audace ?

Quelques minutes passèrent ainsi, dans un silence opaque. Violette ne savait que faire. Elle sursauta quand, sortant enfin de sa sorte de transe, l'homme assis en face d'elle tendit la main vers le bureau et attrapa sa lettre. Il la parcourut des yeux durant de longues secondes sous le regard suppliant de sa jeune auteure. Puis il recommença, encore et encore. On eût dit qu'il devenait fou. Qu'il ne savait plus ce qu'il devait faire. Ou peut-être trouvait-il cette situation tellement absurde qu'il ne savait pas comment se sortir de là…

Ce dut être cette dernière pensée qui l'emporta car soudain, Violette se leva. Elle se rendit à l'évidence : elle en avait trop fait.

« *No way*, siffla la petite voix de Skye à l'intérieur de sa tête. Tu es une déesse des mots et tu le sais. Écrire, c'est toute ta vie. *It's just impossible* que cet homme ne s'en soit pas rendu compte. » « Skye a raison, enchaîna la voix posée de Théo. Et tu sais autant que moi que ce qu'elle dit est toujours vrai. Tu as un don. » « Et tu nous as, nous », ajouta la voix de Sarah avec douceur.

Violette ne put empêcher ses lèvres de s'étirer en un sourire. Ils avaient raison – « J'ai toujours raison » assena la voix de Skye.

Ils étaient là et ils seraient toujours là, publiés ou non. Peu importait ce que pensait cet éditeur – peu importait qu'il n'aimât pas ses mots ou sa façon de faire. Il fallait qu'elle reste fidèle à ses idées. Après tout, c'était grâce à elles qu'elle en était là. Grâce à elles qu'elle était dans ce bureau aujourd'hui. Grâce à elles que Sarah, Théo, Skye et les autres existaient.

Avec un soupir, Violette attrapa son sac, se tourna vers la porte et…

– Je le prends.

La jeune fille fit volte-face.

« *Yeah! We did it!* »

« Félicitations !!! »

« Je n'ai jamais douté un seul instant. »

Dehors, derrière la fenêtre du bureau laissant filtrer les quelques rayons de soleil encore visibles en ce début de soirée d'hiver, Violette put apercevoir une pie en équilibre sur une branche d'arbre.

Elle avait la gueule grande ouverte : elle piaillait.

Maélis Letté-Branche

CHILI 73

Je n'ai jamais aimé me présenter. J'ai toujours l'impression soit d'en faire des tonnes, soit de ne pas assez en dire. Et puis, comment savoir si le lecteur ne va pas trouver notre description vantarde ? Vraiment, je préfère raconter les histoires des autres.

Bon, je m'appelle Maélis, et j'ai 14 ans. Ça, c'est important. Vous devez vous douter que j'aime écrire, vous devez vous douter que j'aime lire. Si vous venez de lire ma nouvelle, vous devez sûrement penser que je m'intéresse à la dictature chilienne de 1973. J'espère ne pas trop vous décevoir en vous disant que c'est faux. En effet, l'étincelle n'est pas venue de moi, mais d'un exposé auquel j'ai assisté, trois jours avant la deadline *du concours. On peut clairement dire qu'on m'a donné l'idée.*

Le soir de l'exposé, la nouvelle est finie. Écrite à la va-vite, je l'ai pourtant à peine recorrigée, faute de temps.

Deux mois plus tard, un appel…

En ce qui concerne mon avenir, je vais m'orienter vers une 1e L et je veux être écrivaine, mais ça ne doit pas tant vous surprendre.

Mes inspirations sont diverses, mais je dirais que je lis de tout, le bon comme le mauvais. Trop vague ? Que je peux nommer, Stephen King. Le reste est varié.

Avant de vous laisser lire cette fameuse nouvelle, j'aimerais remercier deux personnes. Tout d'abord, ma professeure de français de 3e, qui a permis à l'idée de germer et qui m'a fait croire en moi. Et à Anne, qui m'a offert mon premier livre du prix Clara, et qui a toujours voulu voir son nom dans une dédicace.

Sebastián Melior
Santiago 3580000
Chili

Commission de recours des réfugiés
35, rue Cuvier
93100 Montreuil, France

Santiago, le 4 octobre 1973

Madame, Monsieur,

Si je vous adresse cette lettre aujourd'hui, c'est que je ne prends pas ce qui m'est arrivé à la légère. Se déclarer « réfugié politique », c'est s'engager. C'est se dire clairement opposé au régime chilien, et c'est bien ce que je suis, rassurez-vous.

Or le jour de mon arrestation, je n'avais aucune raison de lui en vouloir.

Connaissez-vous les clubs ? Vous savez, ces locaux où l'on se réunit pour parler ou exercer une passion commune. Il y en a de sport, d'art, de cinéma. Ou, comme dans mon cas, de communisme.

Je ne sais plus vraiment quand ça a commencé, mais je sais une chose : quand on met un doigt dans l'engrenage, c'est tout le bras qui y passe.

Nous avions rendez-vous tous les mardis et jeudis de 16 h 45 à 18 h 15 dans un petit local à la limite de Santiago. Nous exposions nos idées. Nous refaisions le monde. J'avais 20 ans. Âge que j'ai toujours, bien sûr, mais j'ai maintenant l'impression que le miroir reflète un vieillard. Comme quoi, certains événements creusent encore plus les rides que le temps lui-même.

Le chef de notre groupe s'appelait Pocho. Nous nous appelions tous Pocho. « Simple mesure de sécurité », répondait Pocho chaque fois que Pocho demandait.

Il se trouve qu'il a eu raison.

Ce genre de chose arrive sans qu'on s'y attende. Un jour normal, un temps normal, une réunion normale. Je n'ai rien vu venir.

J'étais le dernier à sortir. Nous avions un grand tableau pour chaque semaine : chaque Pocho passait un jour ou l'autre par la corvée de ménage. Ce jeudi-là, c'était mon tour. Je n'avais pas grand-chose à faire, à vrai dire, car nous étions très propres. J'avais juste à empiler les chaises les unes sur les autres et à les placer dans le placard au fond du local. Mais ça revient au même : je n'ai rien vu venir.

Peut-être que si j'avais soigneusement empilé les chaises au lieu de les cogner contre le mur et de les balancer dans le placard avec fracas, les militaires embusqués à l'extérieur auraient cru que tout le monde était parti et qu'ils n'avaient plus qu'à faire de même. Mais c'est comme ça : on ne peut pas savoir.

Notre président Salvador Allende avait été retrouvé mort dans son palais moins d'une semaine plus tôt, le crâne explosé et l'arme encore en main. J'avais eu vent de ses dernières paroles au club : « Le président de la République élu par le peuple ne se rend pas. » Et voilà. Fin. C'est maintenant le général Augusto Pinochet qui occupe le palais *présidentiel*, même si ce titre ne convient plus.

Son coup d'État a été merveilleusement orchestré, et maintenant plus que jamais, ça me fait mal de l'admettre. Les arrestations ont commencé trois jours après sa prise de pouvoir. J'ai été arrêté le cinquième jour.

J'étais en train de refermer la porte du local avec la clé de Pocho quand ils me sont tombés dessus.

Cette clé, c'était un signe de confiance. Chaque Pocho qui faisait le ménage la gardait après avoir verrouillé la porte, et la donnait à un autre Pocho lors de la réunion suivante. Quand la DINA m'a attrapé, je crois bien que j'ai laissé tomber la clé. En tout cas, je ne l'ai pas retrouvée.

Ils étaient au moins trois, c'est ce que je me suis dit au début : un qui m'a attrapé le cou, un autre les jambes, et un troisième qui m'a mis une cagoule sur la tête. J'ai crié, et j'ai reçu un coup. Ils étaient quatre.

Ils m'ont traîné non sans peine sur quelques mètres, car je me débattais comme un beau diable. Et puis finalement, deux hommes m'ont empoigné sous les aisselles, deux par les jambes, et j'ai entendu : « Et un… et deux… et trois ! » Et je me suis retrouvé projeté dans les airs.

Le quartier où se trouvait notre local était très fréquenté, mais je dois admettre qu'à cette heure de la journée, il ne devait plus y avoir grand monde. Sauf qu'il y a toujours quelqu'un. Toujours une ou deux personnes qui traînent dans le coin et qui ont dû me voir. Sauf que *personne* n'est venu m'aider. *Personne* n'a crié. Ou je n'ai rien entendu. Qu'importe.

Vous seriez étonnés de constater à quel point l'humain peut être égoïste dès qu'on risque de toucher à sa petite personne.

Je sais que je suis injuste, que je n'ai pas tous les éléments. Peut-être qu'une douzaine de militaires armés avaient formé un cercle autour de moi et qu'ils menaçaient de faire feu avec leurs mitraillettes.

Mais je n'en suis pas convaincu.

Je n'ai pas eu le temps d'avoir peur. Ma tête a heurté une surface dure, et je me suis étalé de tout mon long. J'ai levé une main pour enlever la cagoule que je sentais se remplir de sang, mais on m'a frappé une nouvelle fois au visage. La violence du coup était telle que je serais tombé en arrière si on ne m'avait pas rattrapé. Mais aussitôt, un nouveau coup au ventre me plia en deux. Je reculai sous le choc et heurtai quelqu'un qui me frappa à la hanche. Un autre me gifla. Deux m'empoignèrent les jambes et me firent tomber. Je n'ai jamais su combien ils étaient réellement.

Une pluie de coups s'abattit sur moi. Visage, ventre, jambes, entrejambe, cou, poitrine, épaules. Tout y est passé. J'aurais aimé m'évanouir. J'aurais aimé ne plus ressentir leurs coups, ne plus entendre leurs rires. Mais je suis resté bien conscient pendant tout le trajet.

Le camion dans lequel on m'avait enfermé roulait à pleine vitesse, je l'entendais au bruit de l'air qui s'y engouffrait. Et puis finalement, la voix d'un homme qui me parut étouffée, sûrement le chauffeur, cria : « On arrive, laissez-le ! » Les hommes me lâchèrent et j'essayai de tâter mon nez, qui allait s'avérer cassé. Mais l'un d'entre eux me plaqua aussitôt au sol, sur le ventre, et me ficela les mains dans le dos avec une grosse corde qui me râpa les poignets. J'entendis le moteur s'arrêter, puis on me releva et me poussa vers l'avant. L'air frais qui me gifla, même à travers le sac, eu sur moi un effet dopant, et je me forçais à me tenir le plus droit possible. Je savais que si je laissais paraître un seul geste de faiblesse, ils en profiteraient.

Je me laissai guider par deux hommes successivement sur du sable, puis sur du carrelage et enfin du bois. C'est à peu près à ce moment-là que la lumière disparut totalement, alors qu'ils me retiraient enfin ma cagoule.

Mes yeux avaient été bandés pendant si longtemps que même l'obscurité dans laquelle je me trouvais me fit plisser les paupières. La cellule sombre qui me faisait face semblait vide, mais dès que je fus dedans, je sus que je n'étais pas seul.

L'air était poisseux. Une odeur suffocante de vomi et d'excréments semblait émaner de tous les murs qui m'entouraient. Et puis, alors que j'étais toujours dos à la porte, j'aperçus les gens : un homme et une femme, assis par terre, me fixaient. Je ne les voyais pas. Seul le blanc de leurs yeux brillait dans le noir. Je comprenais maintenant pourquoi j'avais eu l'impression que la cellule était vide : tout le monde avait les paupières closes. Mais maintenant que les gens se rendaient compte qu'il y avait un nouveau parmi eux, je voyais leurs yeux apparaître. De plus en plus nombreux. Au moins quarante. Quarante yeux, vingt paires, vingt humains. Et deux. Deux toutes petites paires d'yeux.

Finalement, un homme s'est approché de moi. Il devait être vieux, car dans l'obscurité, je distinguais une barbe blanche qui scintillait autour de son visage. Il s'est arrêté à deux mètres de moi et a demandé d'une voix rauque, presque animale :

– Tu es attaché ?

Je n'ai pas répondu. Je ne pouvais pas. Du sang envahissait ma bouche et je ne parvenais pas à aligner deux idées. Je n'arrivais qu'à répéter faiblement ce que j'avais hurlé tout le trajet :

– Pitié… pitié… pitié…

Une voix a retenti du fond de la cellule :

– Il ne va pas te répondre, regarde toi-même.

L'homme s'est approché de moi et a tâté mes bras. Ma tête avait été tellement heurtée contre les parois du camion que je n'arrivais plus à faire la différence entre cet homme enfermé avec moi et les hommes qui m'avaient frappé. J'ai essayé de reculer, mais je suis rentré dans la porte. Je n'ai pas cherché à me défendre. J'ai juste attendu les coups.

Mais ils ne sont pas venus.

L'homme a attrapé mes poignets et a passé quelque chose de tranchant entre eux. La corde qui me retenait est tombée, et j'ai vomi par terre. L'homme n'a pas paru surpris.

Et puis soudain, un bruit de clé a retenti derrière la porte.

La réaction a été si immédiate que je ne l'ai pas vue venir : tous les prisonniers ont couru à l'autre bout de la pièce et se sont entassés les uns sur les autres. Même l'homme qui m'avait aidé a pris la fuite.

Le policier qui a ouvert a eu un léger mouvement de recul en me voyant à quatre pattes devant la porte en train de vider le contenu de mon estomac, mais il s'est vite repris et m'a écarté d'un coup de pied. J'ai roulé dans un coin et je n'ai plus bougé. J'avais les yeux à demi fermés à cause du sang séché et de la fatigue, et la douleur qui m'assaillait n'arrangeait rien. Mais j'avais encore assez d'ouïe pour entendre le policier gueuler :

– Toutes les femmes, ramenez-vous !

L'une d'elles a poussé un sanglot, et le policier a fait un signe à trois militaires derrière lui.

– Embarquez-moi tout ça.

Ça n'a pas duré longtemps. Il y avait celles qui se laissaient faire, dociles. Il y avait celles qui se débattaient ; c'était aussi rapide mais elles criaient. Et puis il y avait celles qui ne bougeaient plus.

– Laisse tomber, dit l'homme à l'un des militaires qui secouait l'une de celles qui ne bougeaient pas. Elle est morte.

Le militaire la laissa retomber et attrapa une autre femme qui se laissa faire. Ils sortirent. Juste avant que le sergent ne referme la porte, je l'entendis grogner :

– Elle était enceinte. 1 470 pesos foutus en l'air.

Puis ils s'éloignèrent.

Lorsque je me suis réveillé, nous n'étions plus que six. Les enfants n'étaient plus là, et deux hommes avaient été emmenés. Les cadavres aussi.

Comme j'avais l'impression que mon organisme avait tout rejeté, je me suis rapproché de l'homme qui m'avait aidé et j'ai essayé de parler, mais seul un horrible gargouillement est sorti de ma gorge. L'homme a posé un doigt sur ses lèvres pour m'intimer le silence, mais j'ai réessayé :

– Où… où les emmènent-ils ?

C'est un autre homme qui a répondu.

– Tu débarques ?

– Tu ne sembles pas être un grand résistant, remarqua l'homme à la barbe blanche.

– Je fais… partie d'un groupe de communistes, mais je n'ai jamais…

– C'est donc ça, me coupa le deuxième homme.

– Quoi ?

– C'est suffisant pour t'arrêter, répondit simplement l'homme à la barbe. Et pour ta première question, ils les emmènent à l'hôpital.

– Pourquoi ?

– Elles sont enceintes, répondit un autre homme.

– Et un bébé, c'est 1 470 pesos, ajouta l'homme à la barbe.

– Mais… mais il y en avait qui n'étaient pas enceintes, balbutiai-je, comme si c'était ça le plus grave.

– Oh elles… murmura un homme, elles ne vont pas tarder à l'être.

Tous hochèrent la tête d'un air entendu. Je ne comprenais rien. Maintenant, je comprends bien sûr, mais à ce moment-là, j'étais en tel état de choc qu'on aurait pu me demander combien faisaient 1+1 que je n'aurais pas su répondre.

– Mais ils leur font quoi ? balbutiai-je.

– Ils récupèrent les gosses, mettent les mères dans l'avion et vident l'avion au-dessus de l'océan. Un gosse, c'est 1 470 pesos, répéta l'homme à la barbe.

Je n'avais toujours pas vraiment compris, mais une information avait quand même atteint mon cerveau : ces hommes étaient dangereux.

Je n'ai même pas eu le temps de paniquer que la porte s'est ouverte et qu'un militaire a gueulé :

– Sebastián Melior !

J'ai écarquillé les yeux. Je n'ai pas eu peur. J'ai juste été surpris qu'ils connaissent mon nom.

Je vous l'ai dit, à ce stade, je ne pouvais pas aligner deux idées.

– Ramène-toi.

Alors je me suis ramené, tant bien que mal. Clopinant, traînant ma jambe blessée, une main essayant d'éponger le sang qui coulait de l'entaille sur mon front. L'homme m'a attrapé par le bras et passé les menottes. J'ai voulu me retourner pour dire au revoir, mais le militaire m'a agrippé la tête et m'a poussé vers l'avant. Je n'ai pas eu d'autre choix que d'avancer.

Au bout d'une marche le long d'un couloir long et sinueux qui me parut interminable, le militaire ouvrit une porte et me jeta à l'intérieur en agrippant la chaîne qui liait mes deux poignets. Trop fort. Je tombai à genoux, puis la porte claqua derrière moi.

La pièce était blanche et sans fenêtres, mais une vitre teintée recouvrait tout le mur qui me faisait face. Je connaissais ce type de verre : on ne peut voir au travers que d'un seul côté.

Vous vous doutez de quel côté je me trouvais.

Or la vitre m'intéressait peu, même si j'avais conscience que des gens m'observaient derrière, car au milieu de la pièce se trouvait une table. Avec une assiette et un verre. L'odeur qui flottait laissait peu de doute sur ce que contenait l'assiette.

Vous est-il déjà arrivé de perdre le contrôle ? Par colère ? Par tristesse ? Par amour ? Ou, comme moi, par faim ? Si oui, vous comprenez la déraison qui me saisit.

Je me relevai d'un bond, ignorant ma jambe blessée qui laissait des traces sanglantes au sol, et je bondis littéralement jusqu'à la table. Il y avait une chaise, mais je ne la vis même pas. J'étais obnubilé par le plat de riz et de viande. Depuis combien de temps n'avais-je pas mangé ?

Je m'emparai de la fourchette et m'apprêtai à la planter férocement dans le steak, quand soudain, je m'arrêtai.

Pourquoi me faire manger maintenant ?

Un doute sinueux m'envahit.

Avec le peu de force qu'il me restait, je repoussai mon assiette et m'éloignai de la table. Ce fut peut-être la pire torture que je subis. Repousser de la nourriture alors que l'on meurt de faim. Refuser de l'eau alors que l'on crève de soif. Mais j'y arrivai et levai la tête vers la vitre teintée. Je savais que, derrière, quelqu'un était déçu. Cela me fit sourire.

Presque aussitôt, deux militaires entrèrent dans la salle et ôtèrent mes menottes pour me les rattacher dans le dos. L'un d'eux grogna :

– T'as pas faim, alors ?

Je ne répondis pas et le regardai avec défi. Il s'empara du bout de steak que j'avais coupé pour se le fourrer dans la bouche.

– Et ben moi si !

Puis il éclata de rire.

Je crois bien que c'est à ce moment-là que j'ai disjoncté. Ce steak était pour *moi*. Je pouvais le manger. Il n'était pas empoisonné. Il était à *moi*.

Je tentai de l'attraper avec mes dents, mais le deuxième militaire attrapa mes menottes et me tira en arrière.

– J'ai faim ! ai-je lancé d'une voix rauque, geignarde, presque suppliante.

– Fallait manger quand on te le proposait, a ricané le garde.

– Vaut mieux pas que tu manges, a grogné l'autre.

Et nous sommes sortis.

★

Est-ce que je m'y attendais ? Oui, peut-être, mais voyez-vous, dans ce genre de situation, le cerveau oublie. D'un côté il sait, de l'autre il refuse de comprendre. Ce n'est que lorsque je me suis retrouvé attaché au mur par une lanière de cuir et que j'ai vu les traces de sang sous mes pieds que toutes les informations dont mon cerveau s'efforçait de faire abstraction sont arrivées en masse.

Torture.

Tu n'as toujours pas compris ?

J'étais terrifié. Je ne savais pas résister à la douleur.

Je ne sais toujours pas.

Trois hommes sont arrivés. Deux avaient les muscles qui saillaient sous leurs vestes. Le troisième portait un chapeau et un manteau qui lui tombait jusqu'aux chevilles. Il l'a retiré sans même me jeter un œil et a ôté son chapeau qu'il a posé sur un fauteuil à lanières. Il s'est retourné. Et il m'a observé.

Longtemps.

Je me suis efforcé de soutenir son regard, mais j'avais tellement peur que mes lèvres tremblaient. Un des colosses s'est approché de moi, si près que j'ai senti son souffle sur ma joue. J'ai fermé les yeux très fort et j'ai détourné la tête.

Le colosse a ricané. L'homme à chapeau a claqué des doigts, et le colosse l'a rejoint. Ils ont parlé à voix basse, et finalement les deux géants se sont placés de part et d'autre de moi, tandis que l'homme s'asseyait sur une chaise placée en face de moi.

« Parlez, monsieur Melior. »

Ce sont les premières paroles qu'il a prononcées. Mon cerveau ne comprenait pas ce qu'il voulait, alors j'ai bredouillé :

– Quoi ?

Un des deux m'a frappé l'arrière de la tête. L'homme à chapeau a plissé les yeux à la manière d'un rat. Un rat. Une saleté de rat.

– Ne jouez pas à ça, monsieur Melior. Nous avons peu de temps.

– Je ne sais pas ce que vous attendez de moi.

Seconde claque. De l'autre colosse. Mes bras attachés dans le dos commençaient à me faire souffrir. Je pouvais de moins en moins réfléchir.

– Vous ne semblez pas vouloir comprendre, monsieur Melior. Ou peut-être devrais-je vous appeler *Pocho* ?

La surprise fut telle que j'ouvris la bouche de stupéfaction. Le rat sourit. Sourire de rat.

– Je vois que ce nom vous évoque quelque chose, *Pocho*. Peut-être serez-vous donc un peu plus réceptif.

Il se pencha et souffla :

– Qui sont vos complices ?

– Je ne comprends pas.

J'entendis un claquement à ma droite. Je savais ce qu'il signifiait. La lame d'un couteau s'aventura près de ma joue. Soudain le rat cria :

– Qui d'autre est membre de votre club ? Qui ?

Une gifle, si forte que je vis deux étoiles. Le rat me posa une autre question que je n'entendis pas. Nouveau coup. Question. *Pocho*. Coup. Question. *Pocho*. Coup. Question. *Pocho*. Coup.

– Des noms ! Je veux des noms ! hurla le rat en me postillonnant au visage.

– Pocho ! criai-je. Ils s'appellent Pocho !

Je saisissais désormais l'utilité de ne pas connaître les noms de mes coéquipiers. Pocho avait tout prévu.

– Pocho ? Tu as dit Pocho ?

– …

– Réponds !

Coup.

– Je m'appelle Pocho !

Et j'éclatai de rire. Pocho était un génie. Mais mon sourire s'effaça aussi vite qu'il était apparu : le rat s'était levé et avait récupéré son chapeau.

– Amenez-le, a-t-il dit.

Les colosses m'ont détaché puis rattaché sur le siège. Je ne me suis pas débattu. C'était inutile. Ils m'ont serré une lanière autour de la taille. Une sur la poitrine. Une autour des jambes. Ils m'ont attaché un fil autour des pieds, puis ils ont réparti le reste sur les parties les plus sensibles de mon corps. Le rat répéta :

– Parlez.

– Mais de quoi ? balbutiai-je.

– Des noms !

– Je n'en ai pas !

– Envoyez ! cria le rat, et un jet de lumière blanche éclaira la pièce. Je hurlai comme un cochon qu'on égorge, et l'un des colosses me fourra une lanière dans la bouche. Nouvelle lumière atroce.

– Parlez !

Nouvelle lumière.

– Des noms !

Lumière.

– Pocho ! Ils s'appellent tous Pocho ! sanglotai-je.

Lumière, lumière. *Qui ?*

– Je ne sais pas de quoi vous parlez ! criai-je entre deux hurlements.

– On a ta mère ! On a ta sœur ! T'entends pas ?

Je me forçai à la mettre en sourdine. Une seconde. Puis je recommençai. La lumière avait repris. Mais ces hurlements que j'avais entendu… Ça ne pouvait pas être elles !

– Écoute !

La lumière s'arrêta. Je m'efforçai de respirer, quand soudain un hurlement terrible me glaça le sang.

– Anita !

Nouveau hurlement suivit de pleurs.

– ANITA !

– On laissera ta sœur si tu parles ! cria le rat.

– Elle a rien fait ! Rien !

– Parle !

Lumière. Je crois qu'ils ont dû finir par avoir mal aux mains car ils sont passés aux matraques. Électrodes, matraque, électrodes, matraque.

Question : *Ô douleur, comptes-tu me laisser ?*

Réponse : *Jamais.*

Ils ne s'arrêtèrent qu'au bout de plusieurs heures. C'est en tout cas l'impression que j'eus. La notion du temps est totalement abstraite dans ce genre de situation.

J'entendais successivement Anita, maman, papa. Ils hurlaient tous, encore plus que moi, et croyez-moi, je n'étais pas facile à battre.

Mais je savais que ce n'était pas eux.

Vous vous demandez comment je le savais ?

Je n'ai pas de sœur.

Anita, la « sœur » dont ils me parlaient, est ma petite amie. Faible information, mais je m'y accrochais comme un naufragé s'accroche à un bout de bois qui flotte à peine.

Eh oui, la DINA sait mentir. Torture psychologique. Aussi terrible que celle physique, et drôlement efficace.

Mais rien ne m'empêchait de leur mentir aussi. Finalement, le rat sembla se lasser car il grogna :

– Détachez-le.

Je n'avais plus la force de tenir debout, alors les deux hommes me traînèrent comme un sac contre le mur et m'attachèrent les poignets à une corde suspendue au plafond, puis ils me lâchèrent. Je n'eus d'autre choix que de tenir sur mes jambes.

J'avais la tête basse, je ne parlais plus. Je ne pourrais vous décrire la douleur que je ressentais.

Je ne m'en souviens plus.

(Le cerveau est fascinant)

Je pense que mon ressenti était proche de celui d'une femme qui a accouché. Elle ne peut vous décrire la douleur, le cerveau l'a effacée. *Fascinant*, non ? Les souvenirs trop violents sont relégués à l'oubli. Prenons un exemple : quelqu'un vous a tenu des propos qui vous ont particulièrement blessé, vous savez que ces paroles vous ont fait mal, mais vous êtes incapable de vous les remémorer exactement.

Eh bien, c'est ça. Mémoire sélective, si vous voulez. Le cerveau efface les souvenirs inutiles ou trop douloureux.

Et c'est ce que le mien a fait.

Le rat semblait fatigué. Ou agacé serait peut-être le mot le plus approprié.

– Tu veux qu'on te dise ce que t'as fait, hein ?

Je hochai la tête.

– Tu as…

Il me frappa au ventre, moins fort que les deux autres,

mais suffisamment fort pour que je crache encore un peu de sang.

– … monté une brigade de jeunes communistes, voilà ce que t'as fait !

Il m'assena un coup de poing, et je tombai à genoux.

– Debout !

Je ne pouvais pas. Il me donna un coup de pied au ventre, et soudain, ça sortit. Je ne pouvais plus me retenir.

– Enfoiré !

J'avais hurlé l'insulte comme on crache. Je la répétai encore plus fort, et puis je ris. Nouveau coup. Insulte. Coup. Rien à faire, je dirais rien, t'as toujours pas compris ?

Je crois que le rat a enfin saisi que je ne parlerai pas, car il s'est arrêté et a juré.

Je l'aurais bien insulté encore, mais mon visage n'était plus qu'un amas de dents cassées et de sang, et je ne réussis qu'à pousser une sorte de grognement indéfinissable. Je reçus un nouveau coup en réponse.

– On recommence demain, *Pocho*. Dors bien.

Et je perdis connaissance.

Enfin, « perdre connaissance », c'est peut-être un peu fort. La notion du temps se relâcha complètement, mais la douleur s'accrocha férocement.

À mon réveil, j'étais dans une cellule dans laquelle on m'avait jeté comme un sac, vu la position que j'occupais par rapport à la porte. Je n'osais pas bouger, j'avais peur que le rat soit encore derrière moi et attende que je fasse le moindre mouvement pour ordonner à ses monstres de me frapper.

Et puis la douleur. La douleur était omniprésente, mais comme je l'ai déjà dit, je ne pourrais pas la décrire. Le seul point de comparaison que j'ai, c'est lorsque j'appuie sur mes bleus. Un faible rapprochement.

Puis des pas retentirent dans le couloir. Rien ne voulait dire qu'ils venaient pour moi, mais pourtant, je me suis immédiatement redressé, tremblant.

Le garde s'est arrêté devant ma cellule et l'a déverrouillée. Il ne m'a ni frappé ni même menotté. Il a juste dit :

– Suis-moi.

Je me suis relevé. Trop vite. Je suis retombé sur le flanc. Je me souviens que la douleur était insupportable. Mais le garde n'a pas ri ou crié. Il a glissé un bras sous le mien et m'a aidé à me lever. Je l'ai suivi comme dans un rêve, mes jambes me portant à peine. Je n'arrivais qu'à murmurer :

– J'y retourne pas ? S'il vous plaît, j'y retourne pas ?

Je pleurais comme un gamin. Je ne voyais même pas que nous avions depuis longtemps dépassé la salle de torture de la veille.

Les couloirs étaient étrangement vides, mais j'entendais quand même des hurlements étouffés qui semblaient venir des étages du dessus. Et puis soudain, le garde m'a fait entrer dans une pièce et a refermé la porte. C'est à ce moment précis que j'ai eu le plus peur.

Anita était devant moi, assise à un bureau. Qu'allait-il faire ? La torturer devant mes yeux pour que je parle ? La tuer pour me punir ? Je me suis mis à hurler :

– Je vais parler, ne lui faites pas de mal ! Je vais…

Le garde plaqua sa main sur ma bouche et me fit signe de me taire. Anita se leva d'un bond et courut me prendre dans ses bras. Mais elle ne réussit qu'à m'arracher un cri de douleur.

– Qu'est-ce qu'ils t'ont fait ?

Son regard était effaré. Je ne répondis pas, bien trop occupé à la regarder, encore et encore. Elle était avec moi et elle allait bien. Vivante.

– Faut sortir maintenant, avant que quelqu'un arrive.

C'est le garde qui avait parlé.

– Oui, allons-nous-en, a soufflé Anita.

– N'oubliez pas l'autre moitié, sinon attention… a grogné le garde.

– Ça va.

Et elle a glissé trois gros billets entre ses doigts huileux.

– Qu'est-ce qu… ai-je commencé, mais Anita m'a coupé :

– Je t'expliquerai plus tard, suis-moi.

Le garde avait ouvert la fenêtre et jetait des regards nerveux à l'extérieur.

– Ça va bientôt être l'heure du couvre-feu, dépêchez-vous !

Anita m'a aidé à passer par la fenêtre, et nous nous sommes sauvés. Une camionnette blanche nous attendait. Nous sommes montés et elle a démarré. C'était Léo, le frère d'Anita, qui conduisait. Il a enfoncé la pédale de l'accélérateur alors que la portière n'était même pas encore refermée, et la camionnette a poussé un rugissement avant de nous faire quitter le centre en trombe. Je ne sais pas comment le garde s'était débrouillé, mais nous n'avons pas été poursuivis. Et nous sommes partis. Loin.

Je ne suis pas retourné au club de Santiago. Je ne peux pas marcher. De toute manière, je ne pense pas que quelqu'un osera s'en approcher avant un bon bout de temps.

Cela fait maintenant une semaine que je me cache. J'ai déliré trois jours, d'après Anita. Fièvre incontrôlable. Mais maintenant je vais mieux. Enfin tout dépend à quoi on compare ce « mieux ».

Mon corps vire du rose au violet pourpre selon les endroits. D'après Anita, le garde se taira. Elle l'a grassement payé, bien qu'elle n'ait pas voulu me dire combien.

J'ai perdu trois doigts à la main droite. Je les ai toujours concrètement, mais ils ne me répondent plus. Voilà pourquoi c'est Anita qui écrit cette lettre, mais c'est bien moi qui la dicte.

Je ne peux pas rester caché éternellement.

Si vous ne deviez retenir qu'une chose de cette missive, c'est cela : je suis caché et ils vont finir par me trouver. Et alors là, je n'aurais aucune chance de m'en sortir. Aucune.

J'en suis donc conduit à vous demander le bénéfice du droit d'asile en France. Je suis d'origine française, et je parle couramment la langue. Je vous écris en français comme preuve.

Si je reste ici, je vais mourir. Comme Anita, comme Léo. Et tous mes proches.

Je vous adresse ci-joint une copie de mes papiers d'identité et des photos de mon corps après le passage entre les mains de la DINA.

En vous remerciant d'avance, je vous prie d'agréer, Madame, Monsieur, l'expression de mes salutations distinguées.

Sebastián Melior

Lilou Marbais

Jusqu'au bout

Vous vous doutez bien que, si je suis ici, c'est que l'écriture est une passion chez moi, au même titre que la lecture. Je crois que la fascination pour les livres est quelque chose d'ancré en moi… Et très vite, j'ai rêvé de faire voyager d'autres personnes à mon tour.
J'entretiens un rapport… fusionnel avec la littérature. Voyager partout sur terre et dans le temps ou dans des mondes qui n'existent pas rien qu'en tournant les pages, se laisser bercer par la mélodie des mots, ressentir des émotions incroyablement intenses… Ces sensations, je les retrouve en lisant ou en écrivant. Mes livres et auteurs préférés sont en tout cas légion ; cependant, parmi les principaux, on peut trouver Gatsby le Magnifique, Harry Potter *et* Hunger Games, Le Petit Prince, *les romans de Zola… et tant d'autres encore.*
À part ça, si vous souhaitez quelque chose d'un peu plus précis sur ma personne, je peux vous dire que je m'appelle Lilou, que je suis née le 16 mai 2001 à Nancy, où je vis toujours, que je suis l'aînée d'une famille de sept enfants, et que je suis en terminale S. Je tiens un blog dédié à la littérature auquel je consacre beaucoup de temps et je suis passionnée de natation.
Ce qui suit cette page que vous vous apprêtez à tourner, c'est l'aboutissement d'un rêve d'enfant. Écrite d'une traite, sur un coup de tête, à partir d'un sujet de rédaction en anglais, cette nouvelle évoque un thème qui me tient à cœur ; même si on en parle de plus en plus, c'est un sujet qu'on ne traite jamais assez. Je ne vous en dis pas plus, j'espère que vous serez sensibles à ma vision des choses et que mes mots vous emporteront !

L'alarme de mon téléphone en guise de réveil. Un air entraînant, joyeux, choisi au début de l'année scolaire. Avec une telle chanson, je pensais que tous les matins, je serais contente de me lever, prête à affronter la journée avec le maximum de volonté. Je pensais que ce serait facile.

Maintenant, je déteste cette mélodie. La voix guillerette. Le rythme enjoué.

Mais je n'ai pas le courage d'en changer.

Me lever. Me traîner jusqu'à la douche. Laisser l'eau chaude couler sur mon corps. Les yeux fermés. Retenir vainement le sommeil, essayer de repousser cette journée. Ne pas regarder. Ne pas me contempler. Ne pas voir ce corps imparfait que je déteste de plus en plus.

Me sécher, m'habiller. Vêtements discrets, coiffure discrète. Tout pour me faire oublier.

Personne dans la cuisine. Mes parents sont déjà partis. Ils travaillent loin, alors ils partent tôt. Et tous les matins, je suis seule.

Céréales et lait, le même menu, tous les matins. Goût de cendre dans ma gorge. Si je me rendais à une dégustation à l'aveugle, je serais bien incapable de dire ce que j'avale.

Je repousse le bol encore plein. Impossible d'avaler une bouchée de plus. Ventre et gorge noués. Le moment approche.

Trajet de bus qui passe vite, trop vite. Mon ventre est serré, trop serré. Je peine à respirer. Je me réfugie dans la musique, dans mes pensées, je regarde les rues défiler. Mais je ne peux pas m'empêcher de songer que chaque mètre, chaque seconde me rapproche un peu plus de la prison. De ma prison.

L'arrêt de bus, à dix mètres, même pas, du collège.

Je le vois se profiler à l'horizon, tandis que le bus ralentit, doucement. J'ai envie de vomir, de me blottir dans un coin et ne jamais quitter ce bus de malheur. Mais je suis obligée d'y aller.

Quand les portes s'ouvrent, je descends, les jambes tremblantes. Un autre élève me bouscule, ne s'excuse pas, ne se retourne pas, ne me regarde pas. Comme si je n'existais pas, comme si j'étais invisible.

Je préfère encore ça.

Et voilà. Je suis dans la rue, à dix mètres, même pas, du collège.

Lentement, je me mets en marche. Un pied après l'autre. J'ai l'impression d'être une funambule, suspendue en équilibre au-dessus du vide. Un faux pas, et je bascule. Une seule erreur, et c'est fini. Je sais que je serai bientôt au centre de la tourmente. Je sais que je vais tomber, fatalement. Maintenant, avec des jours et des jours de pratique, j'ai compris que l'important était de retarder le moment. Chaque minute gagnée est une victoire, mais chaque seconde épargnée me laisse un goût amer dans la bouche. Je ne peux m'empêcher de me demander : à quand le premier coup ?

Je passe le portail, le cœur battant à tout rompre. Je suis dans l'arène. Pas moyen d'en ressortir. Maintenant, c'est jusqu'au bout que je dois tenir. Jusqu'au bout de la journée. Jusqu'au bout du cauchemar.

À cette heure-ci, le ciel est sombre, comme s'il faisait encore nuit. C'est plus facile de me cacher, d'éviter ceux que je crains. Dans l'obscurité, je ne suis qu'une ombre parmi d'autres. Je suis anonyme, je me faufile entre les groupes d'amis, je me glisse dans le bâtiment où mon premier cours a lieu.

Mon collège est immense ; une grande cour pour les sixièmes et les cinquièmes, deux plus petites pour les quatrièmes et les troisièmes. Les bâtiments sont presque neufs. Au rez-de-chaussée, des halls gigantesques abritent les casiers des élèves ainsi que des espaces de détente. Au premier et au deuxième étages se trouvent les salles de classe. C'est là que je me rends, espérant atteindre l'escalier avant qu'on ne me remarque.

Malheureusement, en hiver, les halls sont toujours bondés. Je passe devant un groupe de canapés bon marché où sont affalées des filles de ma classe. Elles sont cinq, à discuter et à hurler de rire. À la minute où elles m'aperçoivent, je sais que mon calvaire vient de commencer.

– Oh, mais regardez qui voilà !

– Sois pas si pressée, reste avec nous !

J'essaie de m'enfuir, de me fondre dans la masse des élèves, mais Claire m'attrape par le bras. Je me débats, elle me gifle.

Le bruit résonne dans le hall. Personne ne se retourne. Ma joue me brûle, je sens les larmes me monter aux yeux. Pas de tristesse, pas de colère, juste de douleur. Par réflexe. Mais je suis habituée. Alors je me résigne, je prie pour que ce ne soit pas trop violent.

– Bah alors, l'intellote, on veut se faire la malle ?

Elles ricanent.

– Donne ton sac.

Je le lui tends. Je me hais d'être si faible, si résignée. En début d'année, je lui aurais recollé une gifle, je lui aurais dit d'aller se faire foutre. Mais résister ne m'a apporté que des ennuis. Ça n'a fait qu'empirer les choses, les rendre mille fois plus atroces.

– Oh, mais regardez, l'intellote a fait ses devoirs de maths ! Ça te dérange pas qu'on te l'emprunte, hein ?

Je me résigne et regarde mon cahier disparaître dans le sac à main de Claire tandis que les autres rient à gorge déployée. Je sais déjà que je ne le reverrai pas, c'est au moins la troisième fois, cette année.

– Qu'est-ce que tu fais encore plantée là, espèce d'idiote ?

– Dégage !

– T'imagines, si on est vues en ta compagnie ? C'est carrément la honte !

Cascade de rires. Anna rejette son opulente chevelure rousse en arrière. Claire se rassoit, ses cheveux blonds formant comme une auréole autour de sa tête. Lise et Juliette rangent leurs portables, je sais déjà qu'elles ont filmé toute la scène. Marie me dévisage avec son insupportable air angélique, comme si elle n'avait rien fait.

Je tourne les talons. Foncer vers ma salle de classe, c'est tout ce qui compte. Ignorer le sentiment d'humiliation qui me ronge l'estomac. La vidéo va tourner sur les réseaux sociaux, encore. Et ce n'est que le début de la journée.

Ma joue me brûle, j'ai envie de fondre en larmes, je voudrais rebrousser chemin, sortir de cet endroit et tout quitter. Mais je dois tenir jusqu'au bout de la matinée, jusqu'au bout de la journée, jusqu'au bout de l'année. Après, je me dis que tout changera, je serai au lycée, ce sera différent. Le lycée, c'est ce qui me permet de tenir. La promesse chimérique d'une perspective meilleure pour affronter cette année de malheur.

Avant, tout était différent.

Avant.

Avant, quand j'étais dans un autre établissement, j'avais des amies, j'étais heureuse de venir au collège. Puis, cet été, nous avons déménagé. Et tout a changé.

Seule, tous les jours de septembre. Puis les insultes ont commencé. Et les vols, et les coups. Et l'enfer. Dans l'indifférence générale, je suis descendue, peu à peu. J'ai tout perdu. Je ne suis plus personne.

Je me déteste. Comment ai-je pu laisser cette situation s'installer ? Je devrais pouvoir me battre, mais je sais que ça ne sert à rien. Alors je reste docile et soumise. Et je me raccroche à l'idée de tenir jusqu'au bout, je me raccroche à l'espoir de sortir un jour de ce cauchemar.

J'arrive dans la salle de classe. Dix minutes avant la sonnerie. J'imagine les filles en bas, en train de recopier mes exercices de maths. Je serre les dents, je me tais. Au bureau, le professeur ne dit rien, ne lève pas la tête, ne me regarde pas. Il est complètement absorbé par son portable. À qui écrit-il avec tant de frénésie ?

Pour lui, je n'existe pas. J'ai beau avoir les meilleures notes, comme je ne participe jamais en classe, je suis transparente à ses yeux. Auparavant, dans mon ancien collège, je prenais souvent la parole. Ce qu'il ne peut pas savoir, c'est que participer ne ferait que m'attirer d'autres brimades, d'autres insultes ! Mais ça, comment pourrait-il le comprendre ?

Peu à peu, les élèves entrent, au compte-gouttes. Je fais mine d'être absorbée par mon livre, mais secrètement je les observe. Chacun évite le premier rang, tout mon contraire. Ici, seule devant le bureau du professeur, je ne suis pas totalement en sécurité, mais je suis plus protégée qu'ailleurs.

Puis la sonnerie retentit, le professeur se lève pour fermer la porte, Claire et les autres se faufilent *in extremis* dans la salle de classe.

Et le cours commence.

– Mademoiselle Tennessier, où est votre cahier ?

Je baisse la tête, tandis que j'entends les autres pouffer. Le professeur me regarde sévèrement, me surplombant de toute sa hauteur. Il se détourne, cherche dans son registre.

– C'est déjà la troisième fois. Je vais être obligé de vous coller.

Je sens les larmes me monter aux yeux. Brusquement. Je n'avais jamais été collée. Mais je dois cacher ma faiblesse, je ne dois rien laisser paraître, je dois…

Trop tard. J'entends leurs rires et leurs insultes, leurs méchancetés jetées dans mon dos comme des pierres, comme une avalanche de coups métaphoriques qui s'abat sur moi. Le prof est trop occupé à écrire le numéro de l'exercice au tableau pour s'en rendre compte, au fond ça l'arrange de ne rien savoir. Je n'en peux plus, j'en ai marre.

C'est tellement petit, tellement mesquin, ce qu'ils racontent. Toujours à m'humilier, à faire de ma vie un enfer.

Je dois tenir jusqu'au bout de l'heure, jusqu'au bout de la matinée, jusqu'au bout de la journée, jusqu'au bout de l'année, sans protester, sans craquer.

Mais là, c'est trop dur, trop injuste. Je rassemble mes affaires, je me lève, je me précipite hors de la salle, claque la porte. Personne ne me retient.

Je cours dans les couloirs, mes pas résonnent contre le linoléum, comme un air rythmé pour danser. Danser sur mon désespoir, danser sur le lac des larmes qui coulent sur mes joues. Danser sur mon moral brisé, c'est déjà ce qu'ils font.

Je voudrais hurler et briser les vitres à coups de pierre pour me décharger de toute cette violence qu'ils me font subir, toute cette violence qu'ils amassent en moi.

Vu de l'extérieur, ça semble ridicule, insignifiant, des actes sans conséquence ; un cahier volé, quelques insultes lancées, une gifle… mais répétés encore et encore, sans que je puisse trouver un soutien ou me défendre, c'est un enfer.

Je cours dans les couloirs, mes pas martèlent le linoléum, comme une mélodie en ré mineur pour mineure en détresse. Je sens que je perds le contrôle, je craque, je me réfugie dans les toilettes, explose en sanglots. Des sanglots longs, mais pas ceux des violons, pas ceux de Verlaine, des sanglots puissants, incontrôlables, qui font tressauter mon corps tout entier.

Pourquoi moi ? Au fond, je sais bien pourquoi : je suis tellement plus moche que les autres, tellement plus naïve, plus bête. Je ne suis pas comme eux, je suis laide et idiote, comme ils me le font si bien savoir. Et pour qu'autant de personnes me le répètent, ils doivent avoir raison, non ? Ça me déchire la gorge, je suffoque.

Après un temps infini, je parviens à me calmer.

Mes sanglots s'apaisent.

Ma respiration se calme.

Alors que la sonnerie retentit, je suis prête à reprendre le combat, prête à tenir jusqu'au bout. Jusqu'au bout de la matinée, jusqu'au bout de la journée, jusqu'au bout de l'année.

Je déverrouille la porte. Essuie mes yeux rouges et gonflés. Me lave les mains, comme pour me purifier.

C'est à ce moment-là qu'elles entrent.

Je me raidis. Je sais ce qui va se passer.

Je sais que ça va recommencer.

Parce que ça ne finit jamais.

Midi. Le pire moment. Nous avons deux heures pour déjeuner, et la torture se décompose en deux temps. D'abord, l'épreuve de la cantine. Puis l'heure de solitude qui suit.

Le réfectoire est plein à craquer. Combien de fois y ai-je été humiliée ? Combien de fois mes vêtements y ont-ils été tachés, mon plateau renversé, sous les yeux moqueurs des autres élèves ? Combien de fois ai-je dû changer de table, délogée par un groupe de tortionnaires ou un autre ? Sans que jamais personne n'intervienne. Je ne suis que la grande godiche de troisième dont on rend la vie infernale. Je ne suis rien d'autre. Et personne ne veut se préoccuper de ça. Tout le monde veut du spectacle.

La pause d'aujourd'hui semble cependant être calme, comme pour compenser les épreuves de la matinée. Je déjeune seule dans un coin. Toujours ce goût de cendre dans la bouche. Toujours la gorge nouée. J'observe les autres, attablés ensemble, rire et échanger. Pour eux, le collège est un havre de paix.

Est-ce que je mérite ce qu'ils me font subir? Est-ce justifié?

Ces questions me rongent; néanmoins, je ne dois pas y songer si je veux tenir jusqu'au bout de la journée, jusqu'au bout de l'année.

Je vais ensuite me cacher dans les escaliers de service. Le vent glacial s'infiltre entre les marches de métal, dérange mes cheveux. Mes doigts sont rougis; au-dessus de moi, le ciel est gris. Les larmes coulent sur mes joues gelées. J'ai tellement froid. Mais c'est le seul endroit où personne ne viendra jamais me déloger. J'ai déjà essayé toutes les autres cachettes et aucune n'a marché plus de trois jours.

Je me force à me concentrer sur le roman que je lis, mais c'est peine perdue. Les multiples brimades de la journée tournent et retournent dans ma tête, comme les images d'un court-métrage. Je me sens étouffer, un peu plus à chaque seconde.

Je me sens mourir de l'intérieur, un peu plus à chaque seconde.

À quoi bon essayer de tenir jusqu'au bout?

Après-midi. Même scénario, éternellement. Solitude immuable. Insultes. Partout où je passe. Résignation. Plus assez d'énergie pour me mettre en colère. Seulement la force de me détester. Ils s'acharnent sur moi comme une meute de loups sur un animal blessé, me tuent à petit feu. Je le mérite, sans doute.

Dans l'enfer où je suis plongée, toutes les pensées que j'essaie de tenir à distance quand je suis chez moi, en sécurité, ressurgissent. Laide. Grosse. Idiote. Ennuyeuse à mourir. Voilà ce que je suis.

Ici, je ne suis même plus moi. Je n'ai plus de prénom, plus d'identité. Je ne suis plus que celle qu'ils décident d'appeler tour à tour Moche, Grosse ou Intellote. Je n'existe plus. Je me dissous tandis qu'ils continuent à me martyriser.

Et je n'ai même pas la force de les combattre, de les repousser, de reconquérir mon identité. Je suis tellement faible. Tellement méprisable.

À quoi bon tenir jusqu'au bout ?

C'est la dernière heure de la journée. Une heure de français. Avant, c'était ma matière préférée. Aussi loin que je me souvienne, la littérature a toujours été une amie fidèle. Les mots m'ont toujours aidée. Aujourd'hui, je crois que ça ne suffit plus. J'aimerais pouvoir me réfugier dans leur étreinte chaleureuse comme autrefois. J'aimerais pouvoir revenir en arrière, effacer cette année, supplier mes parents de ne pas déménager.

J'aimerais pouvoir retrouver celle que j'étais, celle que je suis mais qui s'éteint peu à peu en moi, cette fille qui se meurt chaque jour un peu davantage.

J'aimerais pouvoir la sauver.

Au début de l'année, j'ai tenté d'en parler. On m'a dit que ce n'était rien, que c'était des plaisanteries de collégiens, que ça allait s'arrêter. Les jours passaient, mon calvaire empirait, et chaque fois que je rendais ce qu'on me donnait, c'était moi que l'on blâmait. Personne n'a voulu voir ce qui arrivait. Cela aurait terni la réputation du collège, cela aurait remis en cause tout ce que ces adultes pensent savoir. Comment une série d'actes aussi anodins peuvent-ils détruire un individu ? Pour eux, ça paraît inconcevable.

Et pourtant, je suis en train de mourir à petit feu.

Devant moi, la prof commence son cours. Derrière moi, deux filles prévoient leur sortie entre amies ce week-end. Ce genre d'activités, je n'en ai plus, évidemment. Peut-être que l'année prochaine, au lycée, je me sentirai revivre ? Peut-être qu'on me proposera de nouveau de sortir ? Pour cela, il faut que je tienne, jusqu'au bout. Jusqu'au bout de l'année.

Mais je ne me sens plus capable de tenir jusqu'au bout.

La sonnerie retentit, je me précipite dehors. Traverse les couloirs, sors, retrouve mon arrêt de bus. À la fin des cours, je ne me fais jamais coincer, je suis passée maître dans l'art de la rapidité et de l'esquive. Avant, quand mon calvaire n'était pas encore si précis, si immuable, si inéluctable, je ressentais du soulagement en m'échappant. Maintenant, je n'ai même plus cela. Car je sais que, dès le lendemain, il recommencera.

Dans le bus, je me recroqueville sur moi-même. Je m'éloigne physiquement de mon calvaire, mais mentalement, mes pensées ne le quittent jamais. J'en suis prisonnière, mon univers entier tourne autour de ça. Dans ces conditions, à quoi bon essayer de tenir jusqu'au bout ? J'ai l'impression que je n'en sortirai jamais, que je ne ressusciterai jamais celle que je suis, celle qui étouffe lentement derrière le masque qu'ils m'ont modelé et m'obligent à porter. Ils veulent tuer celle que je suis. Non. Je m'exprime mal. Ils ne veulent que s'amuser, et pour cela je suis la cible toute désignée. Mais c'est ainsi qu'ils tuent celle que je suis.

Je ne pourrais pas tenir jusqu'au bout.

Je n'en peux plus, je suis épuisée. Je ne pourrais pas tenir.

J'arrive chez moi. Déverrouille la porte, pose mon sac sur mon lit. À quoi bon faire mes devoirs, à quoi bon m'acharner à rassembler les morceaux de celle qu'ils détruisent un peu plus à chaque insulte ?

À quoi bon continuer à coucher mon histoire sur le papier ? Je sais que personne ne s'y intéressera, que personne ne voudra voir la vérité en face, que personne ne voudra l'accepter. À quoi bon continuer à écrire mes états d'âme, mes souffrances, mes impressions ? Un tel étalage de plaintes ne peut que rebuter le lecteur, l'ennuyer, le repousser. Qui voudrait me lire ? Tous ces mots que je déverse sur la feuille sont vains. Ils ne m'ont pas aidée à affronter mes démons. Ils ne m'aideront pas à faire entendre ma voix.

Ils ne m'aideront pas à ranimer celle que je suis.

Une fois, Claire m'a dit que je ne méritais pas de vivre. Et sans prendre pleinement conscience de l'impact de leurs actes, c'est ainsi qu'elle et les autres me tuent, lentement. Aujourd'hui, alors qu'il ne me reste rien à quoi me raccrocher, je crois qu'il est temps d'aller jusqu'au bout de leur besogne. Oui, j'irais jusqu'au bout de ce qu'ils ont commencé.

Je ne pourrais pas supporter un autre jour. Je ne peux pas continuer à endurer cela. Je suis arrivée au bout de mes limites.

Oui, ils m'ont poussée jusqu'au bout de moi-même, jusqu'au moment où la corde se rompt, où les Parques s'apprêtent à couper le fil de ma vie.

J'espère que mes parents ne m'en voudront pas.

Adieu, papa et maman. Je vous aime. Ce n'est pas votre faute.

J'espère que quelqu'un rappellera à Claire et aux autres que mon nom était Laura. »

Elle contempla la dernière page du carnet, les yeux remplis de larmes. Son cœur battait à tout rompre, comme pour lui remémorer la chance qu'elle avait, au fond, d'être en vie.

Dix ans après avoir tracé ces mots sur le papier, Laura avait enfin trouvé le courage d'ouvrir à nouveau ce carnet où elle avait raconté son calvaire et consigné ses tourments. Elle avait enfin trouvé le courage de se replonger dans l'enfer de sa dernière année de collège, de relire ses propres mots jetés sur la feuille dans l'espoir que quelqu'un saisirait cette bouteille à la mer.

Elle ne pensait pas un jour y parvenir. Mais maintenant, c'était terminé. Cette histoire était achevée : elle ne disait rien de ses parents rentrant plus tôt ce jour-là, comme par miracle. Elle ne disait rien du sang répandu sur le tapis, du sang qui s'écoulait de ses poignets profondément entaillés. Elle ne disait rien de la blancheur immaculée de la chambre d'hôpital et de la longue reconstruction qui suivit.

Laura essuya ses larmes, referma le carnet. Cette page-là de sa vie était définitivement tournée.

À elle, maintenant, d'aider d'autres personnes à s'en sortir, elles aussi.

Gabrielle Mpacko Priso

LE CHAPERON ROUGE

On ne sait jamais qui ce qui se cache derrière un sourire.
Certains cacheront un profond désarroi, un désespoir inimaginable, une tristesse infinie, une sentence irrémédiable.
D'autres, sincères, ne seront que le miroir d'une joie intense, la surprise d'un événement inattendu, l'apparition d'un être cher, la réception d'une heureuse nouvelle.
Derrière le mien se cache une bachelière de 16 hivers, intéressée par les mathématiques comme par son violoncelle, dont les mélopées enveloppent le cliquetis cadencé de l'ordinateur mettant en scène des écrits au cœur d'univers déconcertants.
Celui qui inspire la page suivante n'est néanmoins pas de ceux-là. Se déroulant dans un cadre on ne peut plus banal, il est l'exemple même de ce qui peut se cacher derrière une porte, dans une demeure paisible d'un quartier sans histoires.
Ce qui se cache derrière une porte, à tout instant, ce drame du quotidien avec lequel nous sommes inconsciemment en contact, mais dont nous n'aurions jamais imaginé mettre à jour l'épouvantable réalité.
Les contes ne sont pas toujours aussi roses qu'ils ne le paraîssent.
Et si l'adorable bambin chargé de sa galette et de son petit pot de beurre ne parvenait jamais à sortir du bois ?
Juste avant de vous plonger dans la lecture d'une nouvelle à chute qui, je l'espère, fera jaillir en vous des émotions cachées, je souhaite faire une dédicace à ma famille et plus particulièrement à mes sœurs Fantine et Sixtine dont les sourires innocents reflètent sans ambiguïté le meilleur de l'espèce humaine : l'amour.

J'ouvre les yeux et laisse la chaleur du Soleil m'envahir. Cet astre est connu pour donner la vie mais en être éclairée tous les jours me l'ôte petit à petit. Où est passée ma jeunesse, où se cache ma beauté ? J'ai l'impression d'être de ces petits animaux enfermés en cage qui, privés de liberté et de communication, vivent leur vie dans une souffrance inouïe à laquelle ils ne peuvent résister. Lorsqu'on se consume lentement mais si sûrement, nous finissons par oublier la signification du véritable bonheur, une notion pourtant essentielle à notre survie dans un monde si hostile. Nous nous habituons à la souffrance, elle devient une seconde nature dans notre corps comme dans notre âme. Nous nous y accrochons comme à une bouée de sauvetage, effrayés par quelque chose d'inconnu qui pourrait nous achever subitement. C'est à ces réflexions peu réjouissantes que je me laisse aller, chaque matin, lorsque mon dos me fait comprendre que la nuit, aussi blanche soit-elle, sera suivie d'un jour de douleur.

Je m'extirpe lentement du canapé sur lequel j'ai dormi et vais chercher le courrier. « Bonjour Madame ! » La voix d'un enfant me sort de mes pensées. Je tourne lentement ma tête vers le petit rouquin. Il me sourit de toutes ses dents de lait, ignorant tout des malheurs que la vie lui apportera. Sa mère lui tire le bras, détournant ses yeux et le détournant de moi. Elle me salue mollement, pressée de s'éloigner. Peut-être pense-t-elle, comme tous les voisins, que ma maison est maudite. Les femmes y entrent mais n'en ressortent pas. La demeure est triste, sombre. Jamais elle n'a retenti de rires d'enfants et de cris de joie.

Furieuse contre ces voisins qui se permettent de me juger sans même me connaître, je rentre chez moi en marmonnant des injures. Mon allure de dépravée ne doit sûrement pas m'aider. Je tente de m'arracher à ces pensées en jetant un œil au courrier.

Douze lettres sont adressées à mon cher époux. Je n'ai pas le droit de les ouvrir, il me l'interdit. Je suis d'accord, ou peut-être suis-je contre. Qu'en sais-je, après tout ? J'ignore ce que peuvent contenir les lettres. Je n'en reçois jamais, pour ainsi dire. Il y a ce qui me semble une éternité, je correspondais avec mes parents. Ces êtres si importants pour chacun cessèrent de me considérer comme tel au fur et à mesure des mois. Chacune de leurs lettres était consacrée à une critique détaillée de mon vénérable époux. Je ne les lisais plus, et ils ont cessé de m'en envoyer il y a bien longtemps. Posant les enveloppes sur la table du salon, je vais dans notre chambre. Rien n'est défait au cœur de cette pièce synonyme d'amour et de repos dans tant de familles. J'ignore pourquoi je la qualifie de « notre chambre ». Je n'y dors jamais. Même ma nuit de noces solitaire s'est déroulée sur le canapé. Je viens dans la pièce seulement pour refaire le lit et nettoyer les draps. Celui qui me jurait amour et fidélité ne semble même pas y avoir dormi. Comme d'habitude.

Il est encore allé chasser le gibier toute la nuit. Comme d'habitude.

Ce soir, il rentrera… Voudra manger… Comme d'habitude. Et moi, silencieuse et soumise, je lui obéirai… Chargé d'un plat de pâtes à la carbonara, il ira sur le canapé. Il y renversera sa bière. Poussera un juron. Comme d'habitude.

Il regardera ses matchs de football. Criera devant la télévision. S'arrachera les cheveux. Puis il me demandera la permission d'inviter sa proie.

« Chérie, pourrait-on inviter Marine à dîner ce soir ? Tu sais, ma copine de fac. » Il me ment, me regardant droit dans les yeux. Impossible de s'y tromper. Ses yeux bleus si séduisants tentent de dominer les miens, gris et fatigués. Et ça fonctionne. Je repense à notre première rencontre. Il m'avait surpris par sa beauté, par son intelligence. C'est qu'il avait fait des études, ce pervers. Il était chef d'une entreprise qui fonctionnait plutôt bien. Doucement, j'ai relevé mes yeux vers les siens.

« Bien sûr », lui dis-je. Bien sûr, sale porc. Prends-moi pour une idiote. Ramène un gibier de plus. Quel sera le prénom de celui de demain ? Comme d'habitude, tu lui auras dit que nous sommes frère et sœur, afin qu'elle ne se méfie pas. Immonde être, tu ne mérites même pas d'exister. Ta faim de loup est insatiable. Je suis condamnée à être celle qui t'aidera à retrouver le prochain petit chaperon rouge. Mais la fin de ce conte-ci ne pourrait être racontée aux enfants souriant innocemment. On leur racontera que le chasseur a sauvé la grand-mère et l'enfant lui apportant son paquet de beurre frais. La vérité, je vais vous la dire. Le loup a mangé l'enfant recouvert de beurre et en a apprécié le goût. Il a décidé de recommencer. Mais au fil des siècles, il est devenu un peu vieux pour ainsi courir dans les bois. Il a attrapé une victime, trop laide pour être dévorée. Moi. Il me menace de chasse si je tente de partir offrir du beurre à n'importe qui. Et il ramène régulièrement un nouveau chaperon.

Suite à ma réponse, un rictus plus qu'un sourire se dessine sur le visage de l'homme que j'avais aimé, un jour qui me semble maintenant lointain. Mais quand donc aurais-je la force de lui résister ?

Le Soleil inonde encore le jardin de son obscure clarté quand ils arrivent. Marine est comme les précédentes ; une de ces gamines étudiantes, perspicace semble-t-il. Mais intelligentes ou non, le loup parvient toujours à les piéger. Il aime le contact avec leurs cheveux fins, l'innocence lisible dans leurs yeux, le sourire avec lequel elles vous disent qu'elles vous aiment. Mais il ne touche pas aux enfants du voisinage. Ils sont trop jeunes, trop pâles, trop frêles. Il faut aux chaperons une assurance qui s'acquiert au fil des études. Mais il ne faut pas non plus que leur naïveté ait disparu, détruite par les cauchemars de la vie. Celui-là sera leur dernier cauchemar.

« Je suis du sud de la France, m'explique-t-elle avec un fort accent lyonnais, je fais mes études à Paris. Je rentrerai chez moi dès les prochaines vacances scolaires. Ma mère est très malade, vous savez… Il ne lui reste que moi. » Pourquoi me dire cela ? Je suppose qu'inconsciemment, elle a besoin de montrer sa vulnérabilité. Montrer que quelqu'un dépend d'elle. La compassion, la pitié… De nombreux sentiments qualifient l'expression apparue une seconde durant sur son visage naïf. J'espère, pendant quelques millièmes de secondes, que mon cher époux aura pitié de cette proie-ci, qui n'est visiblement pas la meilleure. Trop perspicace. L'expression de mon visage m'a-t-elle trahie ? Raté. Le regard dur et le visage fermé de mon vénéré mari ne me trompent point. Sa faim de loup l'amène à bloquer l'accès de son cerveau à des sentiments aussi humains que la compassion.

Comme d'habitude, nous dînons. Effrayée à l'idée de contrecarrer les plans de mon époux, j'affiche un sourire hypocrite sur mon visage. Souriante, je sers avec adoration mon mari et n'hésite pas à plaisanter avec sa proie. Comme d'habitude, j'annonce que je vais aller me coucher car je suis fatiguée. Alors que c'est faux. Je sais ce qu'il va faire. Mais je ne dois pas y assister. Comme d'habitude, il continue son petit cirque avec elle. Tel un acrobate, il marche sur un fil en sachant parfaitement comment arriver à la fin de son numéro.

Mon époux est toujours très silencieux. J'ai ainsi pu dormir au calme, blottie dans le canapé du salon contre un vieil oreiller, dernier objet qui me rappelle mon enfance. Il m'a réveillée d'un baiser sur le front. Baiser froid, unique, de ceux qui vous effraient.

Chaque chasseur a un maître ; dans sa jeunesse, celui de mon mari était mon père. Si je pars, je deviendrai une proie, comme ma mère. Je crois bien en avoir peur. Je n'en suis pas sûre. Peut-être, certainement.

Il est 8 heures. Je me lève et lui prépare son petit-déjeuner : du bacon et un œuf au plat. Un unique œuf, solitaire, qu'il va dévorer sans la moindre pitié. Comme d'habitude. Nous mangeons ensemble, et il se comporte le plus normalement du monde. Il me flatte, nous rions tous les deux, et il m'embrasse plusieurs fois sur la joue. Pour la forme. Puis, il prend son sac et part travailler, comme d'habitude. J'ignore ce que contient son sac, pourquoi le savoir ? Cela ne me servirait pas.

Rentrera-t-il ce soir ? J'en doute. Je crois que non. Il va sûrement m'appeler pour m'annoncer qu'en raison de son surplus de travail, rentrer à la maison lui est impossible. Mais, tel un prédateur, il sera reparti à la chasse, et reviendra dans quelques jours avec sa nouvelle proie.

Il va falloir entre autres changer les draps, comme d'habitude. Je vaque à mes occupations habituelles, que je peux faire les yeux fermés.

Il n'y a qu'une question que je me pose aujourd'hui. Que fera-t-on lorsque le puits sera plein ?

Victor Plantefève

Une vidéo

« – Dis voir, Ben, est-ce que tu pourrais me dire pourquoi cette s******* de participe passé s'accorde avec ce c****** de COD quand il est placé avant cet e****** d'auxiliaire être ?
– "Avoir", Jérémy, devant l'auxiliaire "avoir". »

C'est ce que Daniel Pennac a écrit dans son œuvre Au bonheur des ogres, et c'est aussi l'idée qu'on pourrait se faire de l'écriture lorsque notre plume est aussi inutilisable qu'un sac en plastique troué. Surtout pour un élève en terminale S. Pourtant j'aime lire et travailler ma plume, lorsque mon temps libre me l'accorde.

Je m'appelle Victor, et étant le seul garçon lauréat de cette année, j'aimerais soutenir l'idée que l'écriture est ouverte à tout le monde, peu importe votre sexe.

Je ne jure que par Martin Eden de Jack London, une œuvre où j'ai pu trouver la force de la volonté.

Aux côtés de ce dernier se glissent Risibles Amours de Milan Kundera (pour les amours, il en faut bien), et La Promesse de l'aube de Romain Gary (pour les proches et la reconnaissance).

En dehors de ça, je fais du théâtre et de la danse hip-hop.

Vous pourrez probablement me croiser dans les rues de la banlieue parisienne en train de pianoter sur mon téléphone, notant des idées ou des phrases apparues par miracle dans mon esprit. Si vous voyez un adolescent à l'air pensif qui vous fixe dans les transports en communs, ne vous posez pas de question, c'est moi.

Je ne m'étale pas plus, je vous laisse avec ma nouvelle : « Une vidéo ».

Bonne lecture.

Aux personnes m'ayant soutenu dans ce projet.

– Docteur ! hurla l'homme trapu, à l'autre bout du couloir blanc immaculé.

Sa voix oscillait avec force entre chacun de ses pas lourds et pressés. Dans la salle en amont du long couloir se trouvait un autre homme en grande blouse blanche. Il se retourna et aperçut l'homme trapu. Il était essoufflé et ravalait sa salive énergiquement. Il tenta de prendre la parole entre deux raclements de gorge. Cependant, l'autre homme, vraisemblablement occupé et concentré, dit avec mollesse :

– Vous m'avez appelé ?

– Oui docteur ! Nous l'avons reçu.

– Reçu quoi ? Soyez plus explicite, bon sang !

– Le microscope.

Soudain, le docteur saisit l'homme fermement par les épaules et s'exclama :

– Vous ne pouviez pas le dire plus tôt ? Allons-y immédiatement, la salle est prête.

Les deux individus s'empressèrent de parcourir le couloir en sens inverse pour sortir du bâtiment. Une semi-remorque était garée devant, de telle façon que le conteneur accroché au camion se trouvait à l'intérieur d'un hangar. Lorsque les deux scientifiques y entrèrent, une gigantesque caisse était extirpée du conteneur. De grandes lettres inscrites sur le côté de la caisse affichaient : « Scope Science Laboratory ». Un véhicule semblable à un porte-palette géant s'occupa de l'acheminer avec lenteur jusqu'à une grande salle remplie d'installations oppressantes. D'épais câbles traînaient par terre, et de nombreuses surfaces électroniques aux écrans démesurés entouraient un large espace vide au milieu de la salle. Sous le regard étonnamment oisif des scientifiques, la caisse fut déposée au centre. Les manutentionnaires partirent en refermant la porte du grand hangar derrière eux. Le scientifique s'écria alors :

– Au travail !

Pendant ce temps, dehors, disparaissait l'astre solaire.

Six longues heures se succédèrent ensuite pour les scientifiques. Ils effectuaient des branchements et des ajustements sur les grands écrans. Des milliers de fils de l'imposant microscope gisaient partout au sol tandis que des gouttes de sueur perlaient sur le front de chaque scientifique. Leurs neurones étaient en pleine ébullition. Après de nombreux calculs et essais sur la machine, un immense soulagement s'empara d'eux lorsque l'un des scientifiques annonça :

– Il est prêt ! Il est enfin prêt !

Tous s'installèrent alors face à un grand écran, derrière des consoles couvertes de boutons et de manettes de commande. Un logiciel paramétré pour publier la vidéo sur le site du centre de recherche à l'extinction de la machine enregistrait simultanément la vision du microscope. Pour l'instant, ils ne voyaient qu'un simple morceau de tissu noir en gros plan. Puis, un des scientifiques effectua quelques manipulations, et le microscope zooma de façon continue sur le tissu. Les scientifiques regardaient l'écran, ébahis, sans même commenter. Le niveau d'agrandissement affiché ne faisait qu'augmenter, si bien qu'il arriva à une échelle dépassant celle que l'homme avait pu atteindre jusque-là. Les atomes, eux-mêmes, avaient disparu de l'écran. L'image finit par s'arrêter au niveau maximal. L'un des hommes marmonna fébrilement :

– Les cordes du temps.

Et durant une minute trente, ils virent une chose inexplicable, une chose que l'âme humaine ne peut comprendre, et qu'aucune langue ne saurait décrire. Une vision qui pouvait relancer les recherches scientifiques des plus grands érudits. Jusqu'à ce que l'un des hommes débranche l'un des câbles connectés.

– Je ne veux pas en voir plus, lança-t-il en titubant.

Les autres hommes s'accrochèrent à ce qu'ils purent, s'assirent ou encore s'allongèrent sur le sol, et plus personne ne bougea pendant plusieurs minutes. Le tourment naissait dans le cœur de chacun. Ils semblaient tous avoir eu une réaction différente à la vidéo projetée. Une bourrasque d'émotions en tout genre les ballottait, entre joie, rancœur, tristesse, énervement, mais surtout peur. Pendant ce temps, la vidéo d'une minute trente se publiait automatiquement sur le site.

Cinq heures après la mise en ligne de la vidéo, dans une banlieue reculée de la capitale, Simon venait de sortir d'un sommeil à demi salutaire. Les yeux engourdis, il regarda l'heure. L'information affichée le saisit directement aux tripes. Il était en retard, et une décharge d'adrénaline parcourut l'ensemble de son corps. Il commença à prononcer toutes sortes d'injures, sans oublier d'invectiver le réveil. Son cours commençait dix minutes plus tard. Il se leva précipitamment en continuant de râler, s'habilla en quelques secondes, et se dirigea vers l'entrée son portable à la main, en l'allumant. Tandis que l'écran prenait son temps pour s'éclaircir, Simon ramassa le reste de ses affaires et attrapa une barre de céréales qu'il mangerait en chemin.

Il partit de chez lui dans la même précipitation, et courut en direction de son arrêt de bus. Pendant sa course, il regarda par intermittence les messages arrivés sur son téléphone. Il en avait reçu une dizaine depuis la veille. En temps normal, il n'en recevait que quelques-uns, voire aucun, et il s'étonna de cet afflux soudain. La majorité provenait de ses amis. Il crut lire d'étranges choses. Un des messages laissait entrevoir un court texte mortuaire, un autre contenait des termes relatant la rancœur et la haine, et plusieurs comportaient les mots « j'ai vu ». Regardant davantage son écran que là où il mettait les pieds et désorienté par son incompréhension, il trébucha à deux reprises lors de sa course. Enfin, il atteignit son arrêt de bus, essoufflé.

Par chance, le bus arriva au même moment. Il y monta avec mollesse. Étrangement, il restait des places assises. D'habitude, il y avait plus de passagers en semaine. Parmi les messages de ses proches, l'un venait directement de ses parents. Il l'ouvrit : « Fiston, ce que nous avons vu était un mélange de belles choses. Je ne pourrais pas te les citer, tu t'y trouves aussi et je ne sais pas ce que tu verras. Si l'on omet quelques événements bien tristes… Sache que nous t'aimons, peu importe ce que tu deviendras. On ne sait pas ce que vaut… »

La voix annonçant son arrêt interrompit soudain Simon dans sa lecture. Il se demanda ce qui leur prenait, tous. Puis il rangea son téléphone pour courir en gérant sa trajectoire, cette fois-ci.

Il finit par arriver sur le campus de l'université. D'autres étudiants traînaient encore dehors. Il entra dans l'un des grands bâtiments bétonnés en ralentissant sa course et parcourut le long couloir, exténué et indolent. Des personnes y discutaient toujours alors que les cours avaient commencé déjà depuis cinq minutes. Certaines arboraient un air sombre et tourmenté. D'autres semblaient presque euphoriques, avec parfois même une touche d'orgueil. Simon ne comprenait rien à ce qui leur était arrivé. Il crut entendre des gens parler d'une vidéo, mais rien de plus.

Il entra dans l'amphithéâtre par une grande porte à deux battants en bois. Un bruit infernal régnait dans la salle à demi remplie. Le cours n'avait manifestement pas commencé. Simon alla s'asseoir dans une rangée presque vide, en haut. Il se rendit compte que le professeur n'était pas arrivé. La même agitation voguait parmi les étudiants, mais Simon était bien trop fatigué pour y accorder de l'importance. Il songea simplement qu'il s'agissait d'un trouble émanant à un événement survenu durant la nuit. Une catastrophe naturelle, ou peut-être un attentat, même si ça n'y ressemblait pas.

Soudain, le professeur arriva, sa valise sous le bras, et s'empressa de s'installer à son bureau. Au moment où Simon leva la tête, le professeur s'exclama :

– S'il vous plaît ! Un peu de silence !

Le brouhaha s'abaissa un peu, mais il dut lancer une seconde injonction pour qu'enfin la salle se taise. Il prit alors une grande inspiration et dit :

– Je ne sais pas ce que vous avez vu. Quoi qu'il en soit, je ne pense pas que nous devrions nous inquiéter à ce sujet. On ne sait pas ce que cela signifie, bien que cela dépasse l'entendement et notre science actuelle. Nous ferions mieux, tous, de ne pas y penser davantage…

Un élève le coupa :

– Monsieur ! Vous comptez quand même nous faire cours ?

Le professeur reprit alors la parole avec entrain :

– Vous n'êtes tout de même pas venus pour rien ? On ne va pas se laisser déconcerter par un tel événement ! J'aimerais pouvoir affirmer que cela fait partie de la vie, mais malheureusement, je ne peux pas. De plus, l'État n'a prévu aucune mesure pour faire face à une telle situation. Mais cela n'entrave pas le travail des entreprises, des étudiants, ou encore des commerçants. Le monde peut tourner normalement. Enfin, je pense. Il n'y a pas de crise à gérer d'urgence. Aucune destruction matérielle n'a été commise. C'est une simple…

Cette fois-ci, ce fut Simon qui l'interrompit. Tiré de ses pensées par le discours qui avait lieu, il se leva subitement :

– Quelqu'un peut m'expliquer ce qu'il se passe, s'il vous plaît ?

Des chuchotements se firent alors entendre dans tout l'amphithéâtre, tout le monde se retourna vers lui. Le professeur rétorqua :

– Tu débarques toi ! Eh bien, il s'avère qu'une vidéo a été publiée, poursuivit-il après avoir laissé passer quelques secondes. Tu es au courant de ça, déjà ?

– Quel genre de vidéo ?

– Une vidéo qui te montre ton avenir. Enfin des parcelles, je suppose.

– Pardon ?

Des « Mais il est perdu, c'est fou » et « C'est qui ce gars ? » fusaient dans la salle. Le professeur reprit :

– De la même façon que tu vois des réminiscences de ton passé dans ta tête, cette vidéo te montre des moments importants de ton avenir. C'est ce que la majorité des personnes ayant vu cette vidéo en ont déduit. Elle est partagée en grande quantité sur les réseaux sociaux depuis environ quatre heures du matin. Elle a déjà fait le tour du monde.

– Je ne comprends pas, répondit alors Simon.

– Nous non plus. Personne ne comprend ce que signifie cette vidéo, répliqua un étudiant de la rangée de derrière avec désinvolture.

Un autre étudiant regarda Simon et déclara d'un ton maussade :

– Donc tu n'as pas vu la vidéo… C'est sûr que tu ne peux pas comprendre. Avant de l'avoir vue, c'est la loterie pour toi, tu ne sais pas ce qui t'est réservé. Il semble aussi qu'elle soit propre à chacun. Tu ne peux voir ou entendre ma vidéo, et je ne peux pas non plus voir ou entendre la tienne.

L'étudiant, à qui Simon n'avait jamais adressé la parole, sortit son téléphone de sa poche et reprit :

– Moi, j'y ai vu une belle femme me tenant la main,

un immense bureau en haut d'un majestueux *building*, et une grande maison en bord de mer. J'ai internet, tu veux la regarder ?

Simon resta indécis un certain temps. Il s'apprêtait apparemment à voir ce que son avenir lui réservait. C'était un choix difficile à faire. Il devait être un des seuls à y être confronté, car les autres avaient déjà vu la vidéo par curiosité, malgré les avertissements que personne ne croyait alors vrais. Qu'allait-il découvrir s'il acceptait ? Il avait le choix de voir providence ou malheur. Ou alors, il pouvait refuser, malgré la tentation inéluctable qui le rongeait de l'intérieur. Il se sentait comme un enfant gourmant devant un produit tentant dont il connaîtrait la teneur seulement en croquant dedans, au risque de s'y casser les dents. Puis après plusieurs secondes, il répondit avec empressement :

– Non ! Non, je ne veux pas la voir.

Des murmures de plus en plus sonores retentissaient dans l'amphithéâtre, jusqu'à ce que le vacarme soit total. Le bruit résonna pendant une dizaine de secondes jusqu'à ce que le professeur réclame le silence. L'étudiant insista :

– T'es sûr ? Je crois qu'on l'a tous regardée ici.

Personne ne protesta dans la salle. Les étudiants se regardaient entre eux avec intérêt afin de savoir si quelqu'un d'autre se trouvait dans la même situation. L'étudiant reprit :

– Comme tu veux.

Le professeur dit à son tour :

– C'est son choix. Je respecte cela, et vous devriez en faire de même.

Ceux qui s'étaient levés pour échanger sur la décision de Simon se rassirent alors. Le professeur continua :

– Bon. De toute façon, nous n'avons aucune idée de ce que représente cette vidéo. On ne sait même pas si elle décrit réellement notre avenir. Nous allons commencer le cours.

Malgré les nombreux chuchotements et l'absence de réaction des élèves aux questions du professeur qui, par ailleurs, semblait lui-même distrait, le cours eut lieu. Durant ses deux heures, Simon lut les messages qui lui avaient été envoyés.

Il commença par prévenir ses parents qu'il n'avait pas vu la vidéo. Puis il consulta les messages de ses amis. Il n'avait jamais ressenti autant d'émotions en si peu de temps. Haine, pitié, jalousie, tristesse, joie, reconnaissance et même mansuétude. Il apprit qu'il blesserait une de ses amies dans dix ans, et qu'un autre de ses amis allait le trahir. Cet ami réclamait déjà son pardon, alors qu'il n'avait encore rien commis. Néanmoins, Simon refusa de visionner la vidéo. Il ne voulait même pas apprendre les quelques événements dans lesquels il était impliqué par le biais de ses proches. Il était principalement inquiet car une de ses amies, Éva, lui avait écrit un message ressemblant à un codicille précédant un suicide. Simon lui avait aussitôt envoyé un message de soutien, bien qu'il ne sût quoi dire face à sa prédestination. Il ne fit qu'en nier vainement le fondement. Mais elle ne répondit pas. Il tenta même de l'appeler mais tomba sur son répondeur.

Un de ses amis, Adrien, arriva durant le cours et s'installa à ses côtés. Simon, n'arrivant pas à se concentrer sur le cours, entama une discussion avec lui. Son ami lui murmura :

– Je n'ai pas regardé la vidéo en entier. Seulement le début. Mais c'était vraiment très diffus. Je n'ai pas compris grand-chose. Je me suis vu avec une fille sur une plage, elle marchait devant moi. Lors d'un entretien d'embauche aussi, et… Ah ! Oui, je me souviens. Un appartement, dans ce qui semblait être un pays étranger, et tu étais avec moi. Je dirais au Vietnam. Je suppose que c'étaient des vacances entre potes parce qu'il y avait d'autres gens avec nous. Notamment des filles que je ne connais pas encore, il me semble. Je n'ai pas vraiment pu distinguer leur visage. En tout cas, si tu décides de voir la vidéo, tu verras que ça fonctionne comme une vision. C'est très difficile d'étudier les visages et les lieux. J'ai voulu revoir le début, mais cela m'a donné un mal de crâne effroyable.

– Je suis désolé mais je vais devoir te poser un bon nombre de questions, aujourd'hui, répondit Simon.

Adrien hocha la tête avec compréhension. Simon était en proie au doute. Il voulait à la fois savoir ce que cette vidéo signifiait et en même temps éviter d'en apprendre plus sur son avenir. Malgré tout, il questionna Adrien :

– Est-ce qu'on sait d'où vient cette vidéo ? Est-ce qu'on sait comment elle a été créée ?

Il prit une profonde inspiration et ajouta :

– Et comment m'as-tu vu dans ta vidéo ?

Adrien sortit son téléphone et le tendit à Simon qui le prit avec méfiance :

– Je ne vais pas te montrer la vidéo, mais regarde ce site. Tu vois, tout y est écrit. Es-tu sûr de vouloir que je te parle de toi plus tard ?

Simon prit un moment pour réfléchir et secoua finalement la tête en signe de refus. Puis il lut à voix haute :

– Vidéo des cordes du temps filmée par l'entreprise Science Engine and Base avec un microscope de la société Scope Science Laboratory. Qu'est-ce que cela signifie ?

– Franchement, je n'en sais rien. Mais je ne pense pas qu'on puisse en critiquer l'origine. Cette fois-ci, je ne pense pas que ce ne sera qu'un simple effet de mode. Cette vidéo va subsister dans les sociétés du monde entier.

Simon faisait défiler la page en lisant attentivement toutes les informations inscrites, mais le professeur les interpella :

– Eh ! S'il vous plaît, un peu de silence là-haut ! J'aimerais pouvoir finir mon cours tranquillement.

À la fin du cours, les étudiants allèrent déjeuner dans le calme. Le mouvement bruyant de la matinée s'était atténué. Même ceux qui étaient euphoriques avaient fini de sourire. Simon alla déjeuner avec Adrien dans un parc proche. La ville n'avait jamais été si silencieuse. Assis sur la pelouse, ils parlèrent de leurs proches et de ce qu'ils avaient vu. Simon tenta de rappeler Éva, en vain. Les cours continuèrent ensuite jusqu'à 18 heures. Simon ne suivait que très peu, son téléphone portable était à court de batterie, alors il divaguait dans ses pensées.

Quand il sortit de l'établissement, il croisa trois personnes penchées sur un objet que l'un d'eux tenait au centre du groupe. Simon passa et entrevit en même temps l'écran. Il eut alors une vision de quelques secondes. Dans ses yeux se mélangèrent sa perception actuelle et quelque chose d'inconnu. Une vision disparate se forma dans son regard. Le temps de comprendre ce qu'il apercevait, il se vit dans un costume bien taillé, longeant un mur de béton dans une rue mal éclairée. Il détourna la tête aussitôt pour interrompre la vision, et courut aussi vite et aussi loin qu'il le put. Les trois individus l'observèrent fuir avec des yeux torves. Il arriva à sa station de bus, paniqué et essoufflé, plus essoufflé encore que lorsqu'il avait couru le matin. Il se calma lentement pendant le trajet, mais une anxiété profonde le ravageait de l'intérieur. Il voulait des nouvelles d'Éva.

Tremblant, il arriva enfin chez lui. Sans même prendre le temps de déposer ses affaires, il mit son téléphone à charger, alluma la télévision et son ordinateur. Il tomba directement sur une grande chaîne d'information. Le présentateur annonçait :

« … Le pays se trouve dans une situation agitée depuis deux heures du matin. Alors que dans un premier temps, la population a envahi les rues du monde entier, ce soir, la foule a disparu des villes. Les gens restent cloîtrés chez eux. La journée qui vient de s'écouler a été éprouvante pour chacun. Comment expliquer une telle secousse pour l'humanité ? »

Une présentatrice poursuivit :

« Malheureusement, la vidéo des cordes du temps de la société Science Engine and Base publiée ce matin n'a pu être expliquée par aucun scientifique pour l'instant. L'absentéisme a augmenté aujourd'hui, on estime que seules sept personnes sur dix auraient été présentes sur leur lieu de travail dans le pays. Un chiffre qui s'explique notamment par les nombreux événements tragiques survenus dans le monde. »

Le plan changea pour laisser apparaître le présentateur qui affichait un air d'une austérité glaçante en fixant la caméra. Il déclara :

« En effet, une vague de suicides est survenue au cours de la journée. D'après les autorités, il y aurait eu plus de trois millions de suicides répertoriés en quinze heures. Un chiffre terrible qui bouleverse la population. Découvrons le témoignage d'une femme sous le choc après la perte de sa fille. »

Un nouveau plan apparut, laissant place à une dame d'environ 60 ans, larmoyante, le timbre de voix feutré :

« Je crois que le monde ne se rend pas compte des répercussions de cette vidéo sur l'humanité. Les hommes vont se retrouver classés, ils vont se haïr encore plus qu'ils ne se haïssaient déjà. Les humains… »

Elle glapit un moment.

« Les humains ne doivent pas calquer leur personnalité sur leur vidéo, ils doivent se rendre compte du danger qu'elle représente. J'ai… »

Simon éteignit la télévision d'une main tremblante. Son teint était soudain devenu extrêmement pâle. Ses lèvres avaient perdu leur teinte rosée pour laisser place à un violet terne. Il venait de reconnaître la mère d'Éva à la télévision.

Sa première envie fut de prendre sa voiture pour rejoindre son amie à une centaine de kilomètres de là. Mais il venait de voir l'oraison funèbre de sa mère à la télévision. Que pouvait-il faire ? Rester chez lui à attendre ? À attendre quoi ? La date de l'enterrement ? De plus, les pompes funèbres devaient être débordées…

Vacillant, il se leva du divan pour aller ouvrir la fenêtre qui donnait sur une allée piétonne depuis le cinquième étage. Il se réfugia sur son balcon étroit, les rideaux le cloisonnant dehors tandis que l'air qui s'infiltrait dans la pièce les faisant ondoyer. Les yeux douloureux, les mains flasques, il consulta son téléphone par réflexe. Il connaissait bien la mère d'Éva, il l'avait déjà rencontrée plusieurs fois. Ils avaient même préparé un anniversaire surprise ensemble pour Éva l'année précédente. Il navigua sur son fil d'actualité et vit un groupe nommé « Si toi aussi tu as un avenir génial ». Il alla voir à quoi rassemblait ce groupe. Il y vit des messages fielleux à l'encontre des personnes ayant un destin minable.

Soudain, son téléphone vibra et le nom de la mère d'Éva s'afficha à l'écran. Il avait reçu un message :

« Bonsoir Simon. Je ne sais pas si tu as vu le JT, alors je préfère t'annoncer personnellement la nouvelle. Je suis trop meurtrie, je ne peux pas t'appeler. Il s'agit d'Éva. Elle nous a quittés ce matin. Je l'ai découverte en lui rendant visite à déjeuner. C'est trop dur pour une mère. Bien trop dur. La douleur me ronge de l'intérieur. Je me suis toujours dit que je refuserais d'en vouloir au responsable si jamais quelqu'un prenait la vie de ma fille. Mais je n'avais jamais envisagé un suicide. Ce mot est si dur à écrire. Je ne peux que détester cette vidéo. On ne se rend pas encore suffisamment compte de sa gravité. J'espère que ça ira pour toi, Simon. Elle a laissé trois lettres. Je crois qu'une d'elles t'est adressée. Il y a l'initiale "S" inscrite dessus. Je préférerais te la remettre en mains propres ; si tu as le temps de passer chez elle, sache que j'y resterai quelque temps. Nous n'avons pas encore pu trouver de date pour l'enterrement. »

Cette fois-ci, Simon n'hésita pas. Il répondit seulement :

« Je pars immédiatement. »

Et c'est ce qu'il fit. Il n'emporta presque aucune affaire. Il faisait déjà nuit. Il prit sa voiture et roula avec des pieds de plombs durant de longues heures, dans le silence.

Lorsqu'il arriva, il salua de la tête la mère d'Éva avec compassion. Ils se parlèrent à peine. Ils échangeaient leurs pensées respectives principalement à travers leur regard. Le corps avait finalement pu être emporté. La femme endeuillée donna la lettre à Simon. Il y trouva un feuillet d'une page écrite à la main. Éva parlait de sa vie, lui remémorait tous les souvenirs mémorables qu'elle avait conservés avant de partir. Elle lui racontait ses regrets. Des larmes avaient coulé sur les bords du papier rêche. Elle fit aussi allusion à la vidéo. Il lisait la lettre à contre-cœur. Éva semblait si sûre d'elle dans ses mots, si déterminée. Elle disait : « Je préfère partir maintenant avec de bons souvenirs plutôt que plus tard avec des regrets. Je t'aimerai toujours. » Simon ressentit soudain une profonde aversion. Il ne savait pas même qui ou quoi il détestait si subitement. Une simple haine le gagnait en une spirale prodigieuse. Il hurla. Il lui restait une dernière phrase à lire, plus bas sous le paragraphe principal : « Je t'ai vu aussi, Simon. Il faut que tu me promettes par-delà la mort que tu te battras contre la vie ». Et c'était tout. Il se calma, confus.

Il commençait à se rendre compte du danger de cette vidéo. Le centre de recherche l'avait supprimée du site dans l'après-midi, mais elle avait été enregistrée par des internautes et continuait de circuler sur les réseaux sociaux. La mère d'Éva lui avait proposé de dormir sur place après avoir dîné avec elle, mais il refusa. Il lui dit qu'il irait dans un hôtel proche, mais il passa finalement la nuit dans sa voiture, garé dans un parking non loin. Il eut du mal à s'endormir. Il se posait des tas de questions insolubles, était totalement obnubilé par les derniers mots de la lettre d'Éva. Qu'avait-elle pu voir ? Il avait accès à internet sur son téléphone et se demandait s'il devait visionner le reste de la vidéo. La vision inopinée qu'il avait eue l'après-midi se mélangeait à la sentence d'Éva. Les mains moites, il regarda évasivement son téléphone pendant plus d'une trentaine de minutes. Devait-il voir cette vidéo ? Fallait-il qu'il continue à vivre si un avenir de dépravé lui était réservé ? Il finit par tomber dans les bras de Morphée en laissant glisser son téléphone hors de sa main.

Il se réveilla avec le lever du soleil. Il avait reçu encore un certain nombre de messages, dont un venant d'Adrien. Il demandait des nouvelles de Simon, ainsi que de son amie. Il le prévint alors qu'il ne viendrait pas en cours ce jour-là, ce à quoi Adrien répondit que plus de la moitié de l'amphithéâtre était vide ce matin.

Simon rentra chez lui. Il s'assit avec lourdeur sur le divan froid en regardant la porte fenêtrée du balcon restée entrouverte durant la nuit. La même question le taraudait.

Devait-il regarder la vidéo ? Il était tout de même dans un costume plutôt élégant dans sa vision. En réalité, il ne pouvait rien tirer de ce qu'il avait vu ; ça ne pouvait que l'induire en erreur sur son avenir. Il vit que le groupe du réseau social rassemblant ceux dont l'avenir était favorable était déjà suivi par plus de dix millions de personnes. Ils s'appelaient sarcastiquement les « élus », par opposition aux « déchus ».

Jusqu'à midi, il ne bougea pas de chez lui. Il était allongé sur le divan lorsque quelqu'un sonna à la porte. C'était Adrien. Simon lui ouvrit en le saluant d'un air effacé.

– Mec, qu'est-ce qui se passe ? C'est à cause de ton amie ?

– Oui, oui c'est à cause de mon amie. Elle a quitté ce monde miteux hier.

– Mince, je suis désolé.

– Ne t'inquiète pas.

– Si, quand même… Ça ne t'arrive jamais de ne pas venir en cours. Je ne la connaissais pas trop, ton amie, mais je me doute que tu tenais vraiment à elle pour être à ce point – il chercha ses mots avec hésitation –, découragé.

– Tu veux vraiment que je te dise ?

– Oui, vas-y, livre-toi. Je t'en prie.

– Eh bien, je trouve cette histoire absurde. Comment une vidéo peut-elle être responsable de telles conséquences sur les hommes ? Tu n'en sais rien, toi non plus. De toute façon, personne n'en sait rien. Même les scientifiques qui ont publié cette vidéo n'en savent rien. Une vidéo ne peut pas décider de ta vie… La visionner ne devrait pas être une fatalité. On ne sait rien de cette vidéo, bon sang ! s'écria Simon tout en faisant voler les affaires soigneusement rangées sur les meubles rencontrant son chemin. Regarde sur internet, les gens commencent même à se classer en fonction de leur destin. Les gens se divisent et certains meurent ou vont mourir de cette division. Je ne crois pas à l'avenir prédestiné, mais pourtant, les faits sont là. Personne ne peut les contester puisque personne n'en connaît la signification. Alors tout le monde se fait sauter la cervelle parce que cette vidéo prédéterminerait les grands moments de ton futur !

– Simon, lança Adrien, tu as raison d'exprimer ta colère, mais essaye de rester le plus calme possible. Cela t'aidera, je t'assure. Comme tu n'as pas vu la vidéo…

Simon le coupa :

– Et alors ? Qu'est-ce que ça peut te faire ? Ta vie a l'air géniale, à toi ! Tu vas trouver le grand amour ! Tu es vivant !

– Écoute, tu es en état de choc, mais calme-toi.

– Il n'y a que votre bonheur qui vous importe. Vous vous croyez compatissants avec ceux qui souffrent, mais ce n'est que de la condescendance. Je veux à tout prix éviter ce mépris, je ne veux pas voir cette maudite vidéo.

– C'est absurde, ce que tu dis, Simon. Je ne te méprise pas, j'essaye de t'aider.

– Tu ne peux pas comprendre. Tu ne comprendras jamais. Tu ne me connais pas.

Un silence pesant régna quelques secondes dans la pièce. Puis Adrien se dirigea vers la sortie :

– Je vais te laisser, dit-il, avant de refermer lentement la porte derrière lui.

Simon déversa un nombre incalculable d'injures à l'encontre de la vidéo dans une fureur qui ébranla tout son corps, tandis qu'il tenait la lettre d'Éva mouillée de larmes de détresse entre les mains.

La vie reprit son cours petit à petit. Cependant, Simon ne trouvait plus rien de naturel chez personne. Les gens qui marchaient autour de lui dégageaient une aura étrange et inconnue. Une aura qui le rebutait. Il avait l'impression d'être l'exception, celui qui avait refusé de voir son avenir, parmi des « élus » méprisants à l'avenir splendide ou des « déchus » qui n'avaient pas la force de quitter d'eux-mêmes ce monde. Il voulait savoir si certaines personnes luttaient et ne se laissaient pas abattre par cette fatalité pesante. Néanmoins, il ne pouvait pas savoir qui fuyait son sort. Une semaine après l'apparition de la vidéo, il entendit dire que la moitié des professeurs du campus ne venaient plus travailler. Les élèves non plus n'étaient plus très nombreux.

Entre-temps, Simon avait pris le temps de déjeuner avec des amis. Il essaya de connaître leur point de vue sur la situation, mais ses camarades le dévisageaient curieusement lorsqu'il leur disait refuser de connaître son avenir. Désormais, Simon ne croyait plus en la fatalité. Il émettait des hypothèses sur la vidéo et refusait catégoriquement de la voir. La vie de Simon s'écoulait lugubrement.

Le week-end suivant, il était invité à une soirée près de chez lui. Il prit sur lui pour y aller et pour ne rien laisser paraître de son état. Il rencontra une fille là-bas. Il ne but pas beaucoup et discuta longtemps avec elle. C'était une fille charmante, ouverte d'esprit, sublimée par une longue chevelure brune. Ils se revirent les jours suivants.

Six semaines plus tard, ils étaient ensemble. Ils devinrent très proches, et leur relation était remplie de confiance. Simon avait repris les cours. Dès qu'il avait du temps libre, il allait la voir. Il s'épanouissait petit à petit avec elle. Lorsqu'il sortait avec elle, il se souvenait d'Éva qui lui demandait de se battre « contre la vie ». Les gens passaient lentement à autre chose, mais il restait marqué par les événements. Cela restait un drame pour Simon, ainsi que pour la mère d'Éva, mais ce n'était pas l'avis de tout le monde. Le destin protégeait maintenant les « élus », tandis qu'il maudissait les déchus. Simon avançait les yeux fermés sur l'étroit sentier de son avenir. Quelques mois plus tôt, c'était le cas de chacun, mais actuellement, il était seul à nager à contre-courant. Même sa compagne avait vu la vidéo, ce qui ne lui permit pas d'en apprendre beaucoup plus. Elle s'était vue grand-mère, et en train de marcher main dans la main avec un homme dans un paysage asiatique. Le reste était trop flou pour être interprétable. Elle avait un point commun avec Simon. Elle ne croyait pas en la vidéo officiellement. Mais officieusement, son subconscient lui avait forgé une confiance en elle contre toutes épreuves. Elle soutenait Simon de tout son cœur.

Les professeurs revenaient progressivement à l'université. Finalement, au bout de trois mois, les cours avaient repris comme avant. Les gens revenaient travailler, mais la société ne pouvait oublier. Les visions étaient même parfois inscrites dans le curriculum vitae des postulants. D'autres personnes, encore, usaient du témoignage de leur vision pour séduire. Il était bien facile de mentir, mais les gens en parlaient aussi naturellement que s'ils discutaient de leur vie familiale. Les employeurs devaient passer outre le CV pour deviner si les candidats étaient sincères ou non, en observant leur volonté de travail ou leur intelligence. Certains « élus » ne venaient même plus à l'université. Ils savaient déjà que leur carrière était tracée. À quoi bon s'ennuyer à étudier si la science leur promettait la réussite ? Simon, lui, travaillait sans relâche, il se battait de toutes ses forces dans chacune des matières. Il récoltait d'excellentes notes. Sa compagne était également étudiante et obtenait aussi de brillants résultats. Ils se soutenaient mutuellement lors des partiels, et travaillaient ensemble. Elle venait régulièrement chez lui après les cours, et ils s'endormaient enlacés dans les bras l'un de l'autre lorsqu'ils avaient terminé d'étudier. Tout semblait aller pour le mieux. Mais Simon, bien qu'envoûté par sa relation, gardait en travers de la gorge le bouleversement ayant secoué la société humaine. Il aimait internet. Il était même fasciné par cette création permettant d'échanger instantanément avec le monde entier. Seulement, cette fois, internet avait eu raison de l'humanité.

Le temps passait. Simon et sa compagne, tout comme Adrien avec qui Simon avait malgré tout gardé une relation forte, finirent leurs études. Le couple de diplômés envisageait de vivre ensemble. Ils excellaient lorsqu'ils travaillaient conjointement. Ils avaient effectué de nombreux stages et connaissaient bien leur métier. Quant à la vidéo, elle s'était peu à peu effacée de l'esprit des hommes. Les « élus » n'ayant pas travaillé finirent par rester au chômage, après de nombreux échecs. Certains attendaient toujours leur heure de gloire au fond d'un logement social. Comme si la réussite allait tomber de leur plafond humide. La tendance sur les réseaux sociaux s'était inversée. Les plaisanteries satiriques se dirigeaient sporadiquement contre les « élus » devenus des « déchus ». L'événement s'était presque transformé en une légende urbaine dans les consciences. Les « élus » ayant travaillé avec hargne avançaient vers l'image que leur avait donnée leur vision, tandis que les « déchus » niant leur vision par acharnement de labeur s'éloignaient de ce qui leur avait été destiné. La société était redevenue comme avant, et les castes spirituelles s'étaient estompées.

Simon et sa compagne emménagèrent finalement ensemble dans un spacieux appartement en banlieue, suffisamment grand pour accueillir une famille… Simon avait posé une photographie encadrée d'Éva sur un meuble, de sorte qu'elle le regardait quand il rentrait chez lui. Le couple dirigeait une entreprise ensemble, qui marchait très bien. Ils purent même partir au Japon avec Adrien et sa nouvelle compagne.

Un samedi, Simon dut travailler de chez lui lors d'une période très chargée. Après avoir fixé un rendez-vous en urgence avec l'un de ses clients, il s'habilla en conséquence, d'un beau costume noir mat. Sa compagne était absente, partie faire des courses pour une fête qui devait avoir lieu le soir même avec des amis de l'université.

Simon prit l'ascenseur et se dépêcha de sortir du bâtiment. Il regarda sa montre d'un mouvement vif en songeant qu'il était en retard même durant le week-end. Cette idée le fit rire. Il prit alors sa voiture pour se rendre au rendez-vous. C'était l'hiver, la nuit pointait déjà. Il finit par trouver une place dans le quartier, sortit de sa voiture, et longea un mur de béton interminable.

Soudain, une réminiscence jaillit de son esprit. Il

tressaillit. C'était ce qu'il avait vu par accident lors de sa sortie de cours des années auparavant. Il s'agissait de sa vision, mais elle ne semblait pas avoir caché quelque chose de marquant. Lorsqu'il reprit ses esprits, il conserva la même mentalité qu'à l'époque ; ce que montrait cette vidéo ne signifiait rien. Des murs en béton comme ceux-là, il y en avait des millions dans le monde, et la probabilité qu'il porte un costume en le longeant était aussi élevée. Il arbora discrètement un rictus, en pensant à la coïncidence, lorsqu'il reprit sa marche.

La réunion s'acheva sans encombre. Il avait fini de travailler pour le week-end. Il pouvait enfin se relaxer tranquillement chez lui. Sa compagne rentra quelques minutes plus tard, avec des sacs bien remplis et un paquet cadeau. Il l'embrassa, puis, un peu étonné, il lui demanda si ce cadeau était destiné à l'hôte de la soirée. Elle secoua la tête et lui tendit le paquet. Il sourit. Sa compagne le regardait avec prévenance pendant qu'il l'ouvrait avec empressement. Enfin, il retira un objet d'une boîte en carton. Il tressaillit une nouvelle fois et se mit à pleurer de joie. Il prit sa compagne dans ses bras. C'était un test de grossesse positif.

Les années continuèrent à passer. L'enfant grandit tandis que Simon et sa compagne vieillissaient. Le temps pesait sur eux. Un soir, leur enfant vint les voir. Il avait eu un cours d'éducation civique dans la journée et voulait interroger ses parents à propos de la vidéo des cordes du temps. Il était trop jeune pour que ses parents lui laissent accès à internet et ne pouvait pas comprendre comment une telle chose était possible. Les scientifiques n'avaient d'ailleurs toujours pas non plus réussi à expliquer l'existence de la vidéo. Alors l'enfant demanda :

– Papa, dis-moi, cette vidéo, qu'est-ce qu'elle t'a montrée à toi ?

Simon regarda son enfant, et lui répondit :

– Je n'ai vu qu'une partie de la vidéo, par accident. Je ne voulais pas savoir ce que me réservait mon avenir. Ta maman l'a vue, mais je ne crois pas que ça l'ait changée. Elle ne s'est pas laissée désorienter par ce que sa vision lui montrait. Elle a travaillé dur, tout comme moi. Aujourd'hui, la plupart des gens disent que cette vidéo n'était qu'une anomalie. La plupart des visions ne correspondaient pas forcément à ce que ces gens sont devenus. Personne n'y croit plus, désormais, pourtant la génération te précédant semble s'être laissée guider par celle-ci. Cela a créé un fossé profond dans notre société, déclama Simon tandis que son enfant le regardait avec attention. Et toi ? Est-ce que tu voudrais voir ta vidéo ? Si tu crois au destin, est-ce que tu penses que choisir de connaître ton avenir t'aidera à te battre contre la vie ?

L'enfant resta indécis. Il prit le temps d'y réfléchir durant de nombreuses années. Seule la mère d'Éva, décédée des années plus tôt, connaissait le destin de Simon.

Éva avait écrit dans la lettre qui lui était adressée qu'elle l'avait aperçu dans sa vision.

Elle l'avait vu seul, aux abords d'un boulevard, mendiant de quoi manger sur un morceau de carton.

Table des matières

Remerciements

Nombreux sont ceux qui ont mis leurs compétences, leur énergie et leurs moyens au service du prix et du livre.

Nous exprimons notre reconnaissance aux entreprises et aux institutions suivantes :

Clear Channel, Orange et la SNCF pour leur aide et leur contribution.

La Fondation d'entreprise La Poste pour son soutien à l'édition.

La mairie de Paris pour son accueil lors de la cérémonie de remise du prix.

Toute notre gratitude aux médias qui nous ont gracieusement offert des encarts publicitaires.

Éditis, l'imprimerie Floch, m87design, Play Bac Presse, engagés à nos côtés dès l'origine.

Nous remercions tous ceux qui, au sein de ces entreprises et institutions, se sont personnellement impliqués en faveur du prix Clara, et tout particulièrement Anne-Marie Bourgeois et Alain Kouck.

Enfin, cette liste ne serait pas complète si nous ne mentionnions les équipes de commerciaux et les libraires qui ont accueilli et défendu ce prix avec générosité et conviction.

Comme dans chaque liste de remerciements, il y aura des oubliés. Par avance nous demandons à ceux-ci leur indulgence. Cette aventure étant collective, nous sommes certains que l'anonymat ne leur pèsera pas.

Le jury du prix Clara,

présidé par Erik Orsenna et composé
de Christine Albanel, Camilla Antonini,
Gilles Cohen-Solal, François Dufour,
Anne Goscinny, Isabelle Lebret,
Bernard Lehut, Héloïse d'Ormesson,
Jorge Semprun †, Bernard Spitz,
Romain Sardou et Alexandre Wickham

et les Éditions Héloïse d'Ormesson

Comment participer au prix Clara 2018

Pour concourir à la prochaine édition du prix Clara, il faut être âgé de moins de 17 ans au 28 septembre 2018 et soumettre une nouvelle de cinq à soixante-dix pages (de 7500 à 105000 signes).
Votre texte, en langue française, doit être envoyé avant le 22 mai 2018 par voie postale ou par courriel avec une attestation sur l'honneur de l'avoir rédigé sans l'aide d'une tierce personne.

Le prix Clara sera décerné au cours de l'automne 2018.
Les lauréats verront leur œuvre publiée par les Éditions Héloïse d'Ormesson.

Le livre étant à vocation caritative, les bénéfices de sa vente seront versés à l'Association pour la recherche en cardiologie du fœtus à l'adulte de l'hôpital Necker-Enfants malades (Arcfa). Pour participer, envoyez votre texte, accompagné de l'attestation sur l'honneur, par courrier à :

Éditions Héloïse d'Ormesson,
3 rue Rollin, 75005 Paris

ou par e-mail :
prixclara@editions-heloisedormesson.com

Pour faire vos dons

Clara souffrait d'une malformation cardiaque de naissance.
Les jeunes qui en sont atteints vivent rarement plus de 20 ans.
Il est possible de dépister cette malformation.
Cependant, aucun élément ne permet d'être alerté, car l'enfant ne manifeste aucun signe annonciateur.
Les médecins ne savent ni pourquoi ni comment ce type de malformation cardiaque, grave, se développe.
Deux mois avant la mort de Clara, un professeur de cardiologie pédiatrique de l'hôpital Necker-Enfants malades avait créé l'Arcfa : l'Association pour la recherche en cardiologie du fœtus à l'adulte.

Vous aussi, aidez-nous à soutenir ces recherches pour qu'un jour, des outils de diagnostic puissent exister et que ces enfants soient soignés.

Vous trouverez des informations sur les progrès
du programme de recherche de l'association
sur le site du prix Clara :
www.prixclara.fr

Vos dons, déductibles fiscalement, doivent être envoyés
par chèque à l'ordre de l'Arcfa à l'adresse suivante :
Madame Descamps – Prix Clara
ARCFA – Service de cardiologie pédiatrique
Hôpital Necker-Enfants malades
149, rue de Sèvres, 75743 Paris CEDEX 15

Achevé d'imprimer
en Espagne par
Liberdúplex
à Sant Llorenç d'Hortons (Barcelone)
en octobre 2017.

&

Dépôt légal
novembre 2017.
Numéro d'imprimeur
62591